Anonymous

The Ritual of the Commandery

Containing the work, lectures and monitorial of the Orders of Red Cross,

Knight Templar and Knight of Malta

Anonymous

The Ritual of the Commandery
Containing the work, lectures and monitorial of the Orders of Red Cross, Knight Templar and Knight of Malta

ISBN/EAN: 9783337253684

Printed in Europe, USA, Canada, Australia, Japan

THE RITUAL

OF THE

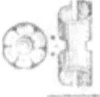

COMMANDERY,

CONTAINING THE

WORK, LECTURES AND MONITORIAL

OF THE

ORDERS of RED CROSS, KNIGHT TEMPLAR

— AND —

KNIGHT OF MALTA.

ARRANGED AND COMPILED

FROM THE

STANDARD TEMPLAR WORK.

MASONIC BOOK AGENCY,

S. W. COR. BROADWAY AND WARREN ST.,

NEW YORK.

1878.

OPNG COMDY OF K T.

Gen. Sr Kt Wrd whn a cmdy o K T i abt t b opnd wht bcms yr dty.

Wrd. T se th sntnl i a hs pst & th asyl dly grd.

Gen. Yu wl ascrtn if w ar s grd.

Wrd. * * * Sr Kt Gen Th sntnl is a hs pst & th asylm dly grdd.

Gen. Sr Kt Wrd yu wl infrm th sntnl th —— cmdry o K T No —— i abt t b opnd & drct hm t g'd acrdly. ggg ggg ggg

W. Sr K Sntnl th Gen i abt t opn —— cmdy o K T No —— yu wl tk du ntc thrf & gvrn yrslf acrdly.

Wr. Sr Kt Gen Th Sntnl i dly infrmd.

Gen. Sr Kt Wrd ar al prsnt Kts T.

Wrd. Sr Kt Gen al prsnt ar Ks T.

Gen. Sr Kt C G yu wl frm th lns preparatory for th reptn o th E C.

C G. Attention Sr Kts fll in. * * *

(The Sir Knights being seated, will always, at the command, Attention, Sir Knights, *rise to their feet and stand fast until other commands are given.)* The Sword Bearer, Standard Bearer and Warden do not fall in with the rest, but remain standing in the West, facing the East. The grading or sizing being completed, the Captain-General will command,

C G. Front face.

When the Sir Knights will face to the left. The Junior Warden, who does not fall in with the rest, will take his post on the extreme left of the line. The Senior Warden having taken his post on the exact point where the right of the line is to rest, the Captain-General will command,

Attention, Sir Knights—Right—Dress—
Front.

The positions of the officers and Sir Knights will then be as illustrated by the following diagram :

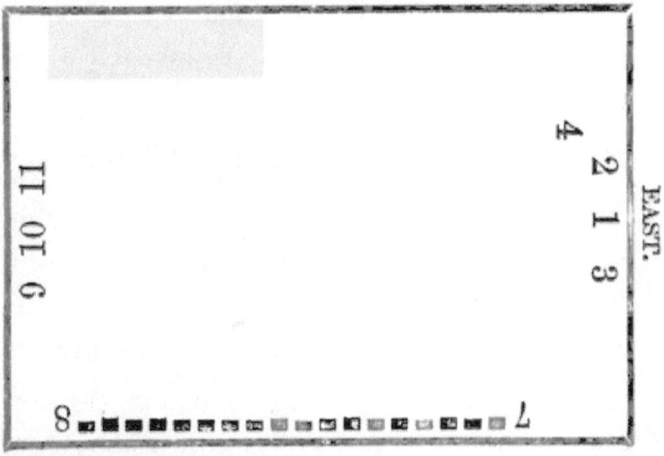

In the above and in the diagrams following, the officers will be numbered, *for convenience*, as follows: 1. Eminent Commander; 2. Generalissimo; 3. Captain-General; 4. Prelate; 5. Treasurer; 6. Recorder; 7. Senior Warden; 8. Junior Warden; 9. Sword Bearer; 10. Standard Bearer; 11. Warden; 12. Captain of the Guard.

The Sir Knights being formed in one rank, or line, as above explained, the Captain-General will draw his sword, and advance to the centre and front of the line and command,

Attention, Sir Knights—

Handle—SWORDS— *Draw*—SWORDS— *Carry* —ARMS—

CALL OFF FROM THE RIGHT BY TWOS.

The first Sir Knight on the left of the Senior Warden pronounces "*One* ;" the next Sir Knight, "*Two;*" the next, "*One:*" the next, "*Two;*" and so on, through the line.

The Senior and Junior Wardens do not count. The counting being completed, the Captain-Ganeral will command,

In Two Divisions—Right—FACE—MARCH.

At the command, FACE, the whole line will turn one quarter round to the right.

At the command, MARCH, those numbered *One* will stand fast, while those numbered *Two* will step briskly to the right side of numbers *One*.

The Sir Knights are now formed into files of two abreast. Those of the numbers *One* constitute the "*First Division,*" and those of the numbers *Two* constitute the "*Second Division.*"

Care should be taken that the space or

interval made vacant by the numbers *Two* is preserved, and that at the command, MARCH, every number *Two* should make the step to the right at the same moment.

This movement being completed, the Captain-General will command,

Officers—POSTS.

At the command, POSTS, the Senior Warden will take command of the First Division. The Junior Warden will take his post on the right and command the Second Division.

The Captain-General will then command,

*Attention, Sir Knights—Front—*Face.

The positions of the officers and divisions will then be as follows:

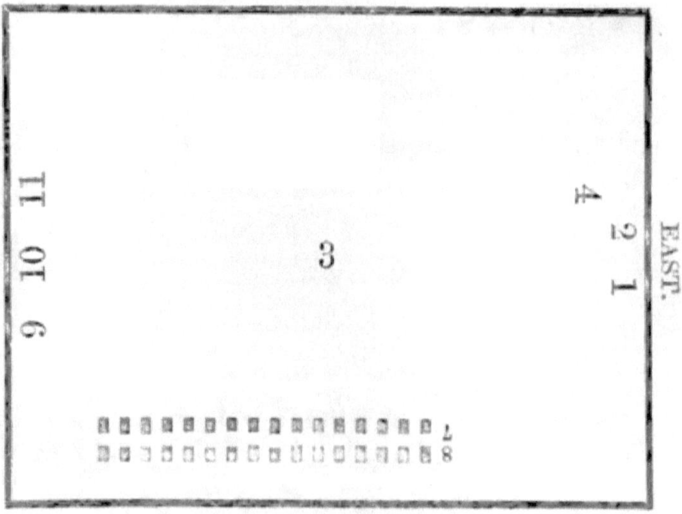

To Form into Line in Two Divisions.

The Sir Knights being in two divisions, and *faced to the front*, the Captain-General will command,

Attention, First Division—

From Center Side Step to the Right and Left —March, sufficient space having been made for the Standard Guard, he will command Halt.

Attention, Standard Guard—

Handle—SWORDS— *Draw*—SWORDS— *Carry* —ARMS—*Right*—FACE—*forward*— *File Left*—MARCH.

When opposite the interval made in the first division, he will command,

HALT—*Right*—FACE.

Attention, Sir Knights—Present—ARMS.

And after the Standard Guard has acknowledged the salute to the banner, he will command,

Standard Guard—Into Line—MARCH—*About* —FACE.

Attention, Sir Knights—Carry—ARMS.

He will then command,

In two Dvisns right face.

Forward march file left file left counter march by files right & left Halt front face.

TO THE REAR OPEN ORDER.

At the command, TO THE REAR OPEN ORDER, the Junior Warden will step back three paces; the Captain-General will then command,

MARCH.

At this command the second division will fall back three paces, on line with the Junior Warden.

*Attention, Sir Knights—Right—*DRESS —FRONT—*First Division—About—*FACE.

C G. Sr K Gen th lines ar frmd for th reptn o th E C.

Gen. St Kts S & J Wrdns yu wl rtre t th aprtmnts of th E C & infrm hm tht th lns ar frmd & await hs plsure.

* * *

Wrd. Sr Kt Gen Th E C aprchs.

Gen. Sr Kt C G Th E C aprchs.

C G. Present arms * * *

E C. Carry arms, about face to yr psts mrch.

E C. Sr Kt Gen are yu a K T.

Gen. That i m titl.

E C. Whr wre yu created a K T.

Gen. I a lgl cmdy o K T.

E C. Wht number cmpse sch a cmndry.

Gen. Thr i an indspnsbl nmbr & thr i a

cns nmbr.

E C. Wht i th indspnsbl nmbr.

Gen. Thr.

E C. Undr wht crcmstancs ma thr b empwrd t frm & opn a cmndry.

Gen. Thr K Ts hlng fr thr dfrnt cmdrs ma undr th sanctn o a wrnt or chrtr from a Grnd cmndry frm & opn a cmdry fr th dsptch o bsns.

E C. Wht i th cnstitutnl nmbr.

Gen. Nine Elvn or mre.

E C. Whn cmpsd o elvn wh ar its mmbrs.

Gen. The E C Gen C G Prelat S & J Wrdns Tr Recrdr Stndrd Br Swrd Br & Wrdr.

E C. Th Wrdrs stn.

Gen. O th lft o th stndrd Brer i th W.

E C. Sr K Wrdr yr dty.

Wrd. T anounce th aprch & dprture of th E C & se tht th sntnls ar a thr rspctve psts & th avenues leadg t th asylm ar dly grdd.

E C. Th Swrd Brs stn.

Wrd. O th rght o th Stndrd Brr i th W.

E C. Sr Kt Sw Br yr dty.

Sw B. T asst i th protcn o th bnnrs o th ordr wtch al sgnls from th E C & execut hs cmmnds.

E C. Th Stnd Brs stn.

Sw B. I th wst.

E C. Sr Kt Stndrd Br yr dty.

St B. To dspla sprt & protect th bnnrs o th ord.

E C. Wh i th Stndrd Brs stn i th W.

St B. Tht th brlnt rays of th rsng sn shddng thr lstr o th bnrs o th ord ma animat & encourag al valient & magnanimous Kts & dsmay thr enems.

E C. Th Recrdrs stn.

St B. O th lft i frnt o th C G.

E C. Sr Kt Rec yr dty.

Rec. Fthfly t rcrd th trnsactns o th cmndry cllct th revenue & pa it ovr t th Trser.

E C. Th Tr statn.

Rec. O th rght i frnt of th Gen.

E C. Sr Kt Tr yr dty.

Tr. T rcve i chrg th fnds & prprty o th cmndry pa al ordrs o th trsury & rndr a jst & fthfl accnt o th sme whn rquird.

E C. Th J W stn.

Tr. At th N W angl o th triangl & o th lft o th scnd dvsn.

E C. Sr Kt Jr Wrdn yr dty.

J W. T atnd o wry plgrms trvlng from afr ans al qustns fr thm & finaly introdce thm int th asylmn b th prmsn o th E C.

E C. Th S W Stn.

J W. At th S W angl o th triangl & o th right o th frst dvsn.

E C. Sr Kt S W yr dty.

S W. T atnd o plgrm wrriors gve council & sprt t plgrm pnitnts & rcmmnd thm t to th th fvr & prtctn o th E C.

E C. Th Prlts stn.

S W. O th rght o th Gen.

E C. Sr Kt Prlt yr dty.

Prlt. T prsde a th alt admnstr th obl & offr up prayers & oblations to th deity.

E C. Th C G Stn.

Prlt. O th lft o th E C & o th lft o th len o Kts.

E C. Sr Kt C G yr dty.

C G. T se tht th prpr ofcrs mke du prprtns fr th mtngs o th cmdry & tht th asylm i i suitabl array fr th reptn o th E C & th dsptch o bsns als t cmncte al ordrs issud by th E C t th ofcrs o th lne.

E C. Th Gen Stn.

C G. O th rght o th E C & o th rght o th lne o kts.

E C. Sr K Gen yr dty.

Gen. T reve & cmncte al petitns sgns & orders asst th E C i hs various dts & i hs absnc prsde i th cmndry.

E C. Th E C Stn.

Gen. I th E.

E C. Hs dty.

Gen. T dspnse alms t poor & wry plgrms fd th hungr succor th needy clth th nkd & bnd up th wnds o th afflctd t inculcate th solmc prncpls o charity & hsptalitp & gvrn th cmndry wth jstce & moderatn.

E C. Sir C G i i m crd tht th lns b frmd

fr th prps of opsng ths cmdy o Kt Tmp.

C G. Attention Sir Kt Fall in * * * Count o i twos frm rght t left i two dvsns rght fce front To th rear opn ordr mch First dvisn abt Face. Present Arms.

E. C.—PREPARE FOR REHEARSAL.

Attention, Sir Knights — Carry — ARMS—
Officers—POSTS.

At the command, POSTS, the Captain-General will place himself on the left, and the Generalissimo on the right of the Eminent Commander; the Senior Warden on the left of the first division; the Junior Warden on the left of the second division, and the Standard Guard at the opening at the foot of the lines facing the Eminent Commander. The officers having taken their respective posts, the EMINENT COMMANDER will command,

Attention, First Division—
On Center Side Step to the Right and Left—
MARCH—HALT—*About*—FACE.

Attention, Sir Knights—
TAKE DISTANCE BY THE POINT OF
THE SWORD.

At this command, each Sir Knight in the two divisions will drop the point of his sword to his left, and extend the right arm across the body, so that the right hand will rest against the left breast, the back of the hand to the front, the blade of the sword extending horizontally across the breast of the Sir Knight next on his left.

The Senior Warden will immediately command,

First Division—Side Step to your Right.

The Junior Warden will, at the same time, command,

Second Division—Side Step to the Left.

The preparatory commands given, the Eminent Commander will add,

March.

At this command, the Sir Knights will turn their heads toward the East, and by a side step to the West gain distance equal to the length of the sword blade from the Sir Knight next toward the East, and *Halt.* The Standard Guard will retreat with the extention of the lines toward the West.

The Sir Knights, as soon as they are in position and have *halted*, will *carry arms.* The Sir Knights of the second division will be careful to align upon the corresponding Sir Knights of the first division, so that they will be exactly opposite each other. The leading files on the right, or East, on the extension of the lines, stand fast.

The following illustrates the positions at the completion of the movements.

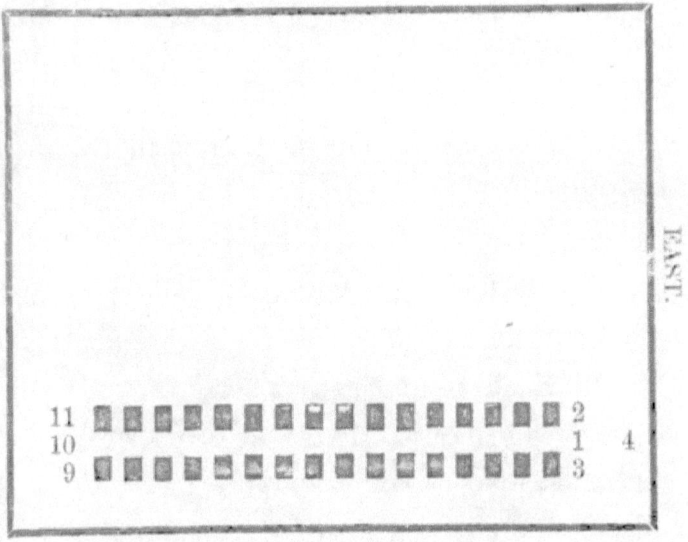

The——are communicated either through or across the lines, or alternately, at the discretion of the Eminent Commander.

To communicate *through* the lines, ths Eminent Commander will face to the Generalissimo, and command,

E C. Attention Sr K Gen yu wl advnc & cmmuncte th J cntrsgn * * * J B Reve i fr th Sr Kt o yr rght.

E C. Sr Kt C G yu wl advnc & cmncte t me th J cntrsgn—J—B reve it frm th Sr Kt o yr lft.

* * * * * * *

Gen. Attn Sr Kt advnce & cmnct t m th J cntrsrn * * * Reve i fr th Sr Kt o yr rght * * *

C G. Attn Sr Kt advnc & cmncte to me th J cntrsgn * * *

C G. Reve i fr th Sr Kt o yr lft * * *

J W. Sr Kt S W Advnce & reve frm m th J Cntrsgn * * *

S W. E C I am i th pssn o th Jwsh cntrsgn whc hs cme dwn t m throu th lns

E C. Yu wl advnc & cmncte i * * * *

E C. Th cntrsgn i crct About Face t yr pst mrch.

E C. Sr Kt Gen yu wl advnce & cmncte

t m th Prsn pss * * * —T S b

E C. Rev i fr th Sr Kt o yr rght.

E C, Sr Kt C G yu wl advnc & cmdct t m th Prsn pss * * *— T S b

E C. Rev i fr th Sr Kt o yr lft.

Gen. Attn Sr K advnc & cmnct t m th Prsn ps * * *

Gen. Rev i fr th Sr Kt o yr rght.

C G. Attn Sr Kt advnc & cmnct t m th Prsn ps * * *

C G. Rev i fr th Sr Kt o yr lft * * *

J W. Sr Kt S W advnc & rcve frm m th Prsn ps * * *

S W. E C Th Prsn ps hs cme dwn t m thr lns.

E C. Yu wl abvnc & cmnct i 

E C. Th pss i rght Abt face t yr pst mrch.

E C. Sr Kt Gen yu wl advnc & cmncte t m th R C wrd * *

E C. Reve i fr th Sr Kt o yr rght.

Gen. Attn Sr Kt advn & cmnct t m th R C Word * * * *

Gen. Reve i fr th Sr Kt o yr rght.

E C. Attn Sr Kt C G Advnc & cmnct t m th R C wrd.

* * * *

E C. Rev i fr Sr Kt o yr lft.

J W. Sr Kt S W advnc & rev fr m th R Word * * * *

S W. E C I am i pssn o th R C wrd a i hs cmc dwn thr th lns.

E C. Yu wl advnc & cmnctc i * * * *

E C. Th wrd i rght Abt fce t yr pst mrch.

E C. Sr Kt Gen yu wl advnc & cmnct t me th G Sgn G & Wrd o a K o th R C

*) * * *

E C. Yu wl rev i fr th Sr Kt o yr rght.

Gen. Attn Sr Kt advnc & cmnct to m th G S G & W o a K o th R C

*) * * *

Gen. Rev i fr th Sr Kt o yr rght.

E C. Attn Sr Kt C G Advnc & cmnct t m th G S G & W o a Kt o th R C

* * * *

E C. Rev i fr th Sr Kt o yr lft.

C G. Attn Sr Kt advnc & cmn th G S G

& W o a K o th R C * * * *

J W. Attn Sr Kt S W advnc & rcv fr m th G S G & W o a K o th R C * * * *

S W. E C I am i pssn o th G S G & W o a K o th R C a i hs cm dwn thr th lns.

E C. Advnc & cmnct i * * * *

E C Th G S G & W ar rght abt face t yr pst mrch.

E C. Sr Kt Gen yu wl advnc & cmncte t m th Plgr Wrriors ps * * *

E C. Rcv i fr th Sr Kt o yr rght.

Gen. Attn Sr Kt yu wl advnc & cmnct th Plgrms wrrs pss * * * *

Gen. Rcv i fr th Sr Kt o yr rght.

E C. Attn Sr Kt C G yu wl ad & cmnct th Plgr wrrs pss * * * *

E C. Rcv i fr th Sr Kt o yr lft.

C G. Attn Sr Kt yu wl advnc & cmnct th Plgr wrrs pss * * * *

C G. Rcev i fr th Sr Kt o yr lft.

J W. Sr Kt S W advnc & rcv fr m th Plgr wrrs pss * * * *

S W. E C I a i pssn o th Plgr wrss pss as i hs cme dwn t m thr th lns.

E C. Yu wl advnc & cmnct i * * * *

E C. Th ps i rgh about fce to yr pst mrch.

E C. Attn Gen yu wl advnce & cmnct th Plgrm Penitent pss * * * *

E C. Revi i fr th Sr Kt o yr rght * * * *

Gen. Attn Sr Kt advnc & cmnct t m th Plgrm pntn pss * * * *

Gen. Reve i fr th Sr Kt o yr rght.

E C. Attn C G advnc & cmnct th Plgr pnitnt pss * * * *

E C. Rev i fr th Sr Kt o yr lft.

C G. Attn Sr Kt advnc & cmnct th Plgr Pen pss * * * *

C G. Rev i fr th Sr Kt o yr lft.

J W. Attn S W Advnc & rev fr m th P P pss * * * *

S W. E C I a i pssn o th P P pss a i hs cm dwn t m thr th lns.

E C. Yu wl advnc & cmnct i * * * *

E C. Th ps i rght abt fce t yr pst mrch.

When communicated across the lines, the command is,

Attention, Sir Knights—PREPARE TO GUARD.

At the command, PREPARE TO GUARD, each Sir Knight will bring his sword to the same position as *present*. The Eminent Commander will then command,

First Division Advance and Communicate to the Second Division——. GUARD.

At the command, GUARD, each Sir Knight of both divisions will promptly advance his right foot about eighteen inches, resting the weight of his body principally on his left, and at the same instant extend his right arm directly in front, the back of his hand to the rear, the flat of his blade to the front, and cross swords with the Sir Knight directly opposite to him; the swords crossing each other at nearly a right angle, and about midway between the point and the hilt. To secure uniformity of motion, the Eminent Commander will do well to call off the cuts by their numbers; at least, until his command are familiar with them. The communication having passed, he will command,

Recover—SWORDS.

The First and Second Divisions should advance and communicate alternately.

The exercises being completed, the Eminent Commander, should he desire it, will say,

E C. Attn Sr Kts Return Swords.

E C. Sr Kt Cpt Gen yu wl frm th Sr Kts arnd th triangle preparetory t their devotns.

The Eminent Commander and Generalissimo having returned to their stations in the East, the Captain-General will command,

Attention, First Division—About—FACE—

Second Division—Close Order—MARCH.

When the second division has arrived at its proper distance behind the files of the first division, he will command,

Second Division—Into Line—MARCH.

At the command, MARCH, the second division will step to the left and front and take its position as in one rank, the Senior Warden taking his post on the right, the Junior Warden on the left of the line.

The Captain-General will command,

Attention, Sir Knights—
Right—DRESS—FRONT—*Call off from the Right by Threes*—IN THREE DIVISIONS—*Right*—FACE—MARCH—*Officers*—

POSTS.

When the Officers take their posts as in forming into Three Divisions, each faced to the right. The Captain-General will command,

Close Intervals—MARCH.

At the command, MARCH, the first file of three, composing the leading files of each division, stand fast, the others closing up on them, leaving a space or interval of about thirteen inches between each file, and *halt*.

The Captain-General will then command,

Attention, Sir Knights—FORM TRIANGLE.

The officers of divisions will then give promptly the following orders:

The Senior Warden—

First Division—COUNTERMARCH BY FILE LEFT.

The Sword Bearer—

Second Division—FILE LEFT.

The Junior Warden—

Third Division—MARK TIME.

The preparatory commands given, the Captain-General will command,

MARCH.

The first and second divisions will move off simultaneously,—the first countermarching to the West, the second filing to the North. The Sword Bearer should step one pace forward before filing to the left, so as to clear the first division. As soon as the last Sir Knight in the second division files to the left, the Junior Warden will command,

Third Division—File Left—MARCH.

When the Senior Warden arrives at the point upon which the base of the triangle is to rest, he will command,

First Division—HALT—*Right*—FACE—
Left—DRESS—FRONT.

When the Sword Bearer reaches the proper North, he will file to the left; and, on arriving opposite the Senior Warden, he will again file to the left, and march his division to the South, on a line at right angles to the first division, his right resting on the Senior Warden. He will then command,

Second Division—HALT—*Front*—FACE
Right—DRESS—FRONT.

When the Junior Warden arrives at the point opposite the Senior Warden, he will command,

Third Division—HALT—*Front*—FACE—
Right—DRESS—FRONT.

The movements executed, the Captain-General will command,

First and Third Divisions—*Left and Right Wheel*—MARCH—HALT.

The Senior and Junior Warden will then align their divisions—the first by left, the latter by right, dress—when the Captain-General will command,

Return—SWORDS.

He wlll then announce to the Eminent Commander that tho triangle is formed. The following diagram illustrates the positions of the officers and divisions. The dotted lines show the line of march of the several divisions from their place of starting:

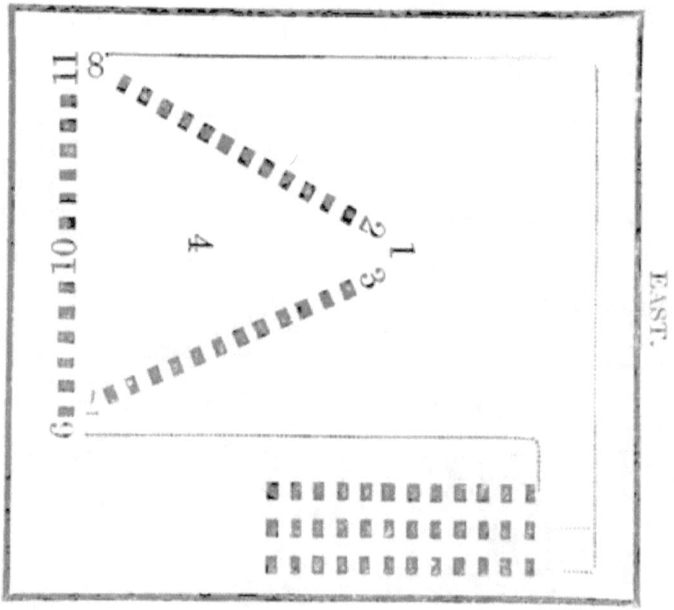

E C. Attention Sr Kts About face. Deposit Helmets About Face. T yr dvtns Sr Kts knl. Sr Kt on Prlt w wll asst yu.

Prlt. ▪ ▪ ▪ ▪ ▪

Prayer at Opening a Commandery.

Our Father who art in heaven, hallowed be Thy Name. Thy kingdom come. Thy will be done, on earth as it is in heaven. Give us this day our daily bread, and forgive us our trespasses, as we forgive those who trespass against us. And lead us not into temptation; but deliver us from evil. For Thine is the kingdom, and the power, and the glory forever and ever. Amen.

E C. Sr K Gen yu wl gv m th imclt wrd * * *

Rev i fr th S K o y rght * * *

E C. Ars S K atnd t gvng th sgns.

About Face.

Recover Helmets. About Face, To your Posts, March.

E C. Sr Kt Rec I wl thnk yu t rd th mts o ou lst enclve.

Rcr. Rds mnts.

E C. Ar thr an ptns o yr dsk fr th ordrs o Ktbd.

Rec. Thr ar Emnt. (rds ptns & cmmitte report.)

E C. Sr Kts yu ar nw abt to blt o the ptns of A B & C t rcv th ordrs of Kthd i ths cmndry al i fvr wl dpst a wht bl be crfl i yr blt. * * *

E C. Th cndts ar elct t rcvd th ordr of th R C i ths cmmndry th bls bng al wht.

E C. Sr Kt Rec is thr an bsns o yr dsk t cme bfr ths cmndry o K T i not w will cll of fr th prps of opng a cncil o K o th R C. Waiving al frthr crmny I nw dcl ths cmndry of K Ts dly clsd fr th prpse of opng a cncl o Kts of th R C. Sr Kt Wrdn infrm th sntnl.

Wrd. *** *** *** Em Com Th sntnl i infrmd.

OPEN KTS OF THE R C.

Sov M. Sr Kt Chanclr ar yu a R C Kt.
Chn. Tht i m prfsn.
S M. Hw wl yu b trd.

Chn. B th tst o trth.

S M. Wh b th tst of trth.

Chn. Bcse nn bt gd mn & tru ar enttld b the hnrs o th ord.

S M. Whr dd yu rcv th hnrs o th ord.

Chn. I a lgl cncl o R C Kts.

S M. Wht nmbr compse a cncl.

Chn. Thr i a indspncbl nmbr & a thr. i cnstutnl nmbr.

S M. Wht i th indspncbl nmbr.

Chn. Thr.

S M. Undr wht crcmstncs ma thr b empwrd t frm & opn a cncl o R C Kts.

Chn. Thr Kts of the R C wh ar als K T hlng frm thr dfrnt Cmndrs ma uhdr th sncn o a wrnt o chrtr frm a Grnd Cmndry frm & opn a cncl fr th dsptch of bsns.

S M. Wht i th cnstitnl nmbr.

Chn. Svn Nne Elvn o mre.

S M. Whn cmpsd o elvn wh ar i mmbrs.

Chn. Ths Mstr Cnclr Mstr o th Plce Prlt Mstr o Finnce Mstr o Dsptchs Mstr o Cvlry Mstr o Infntry Stndrd Brr Sd Br & Wrdr.

S M. Th Wrdrs stn.

Chn. O th lft o th Stnd Br i th W.

S M. Sr Kt Wrdr yr dty.

Wrd. T annc th aprch & dprtre o th Swrn M & se tht th sntnls ar at thr rsptve psts.

S M. Th Swrd Br Stn.

Wrd. O th rght o th Stnd Bro i th W.

S M. Sr Kt Sw Br yr dty.

S B. T ast i th prtctn of th bnrs of th ord wtch al sgns frm th S M & exect hs cmmnds.

S M. Th Std Brs Stn.

S B. I th W.

S M. Sr Kt Stnd Br yr dty.

St B. T dsply sprt & prtct th bnrs o th ord.

S M. Wh i th Stnd Brs stn i th W.

St B. Tht th brlnt ras o th rsng sn shdng thr lstr o th bnrs o th ord ma animte & energe al tru & crteous Kts & dsma & cnfnd thr enemies.

S M. Th Mstr o Inf stn.

St B. O th lft o th scnd dvsn whn speratly frmd & o th lft o th whl whn frmd i lne.

S M. Sr Ki Mstr o Inf yr dty.

M o I. T cmmnd th scnd Divsn o lne o Inf tch thm thr dty & exercs prpre th cndt ans al qstns fr hm & fnaly intrdce hm int th cncl.

S M. Th Mstr o cvlry stn.

M o I. O th rght o th frst dvsn whn sprtly frmd & o th rght o th whl whn frmd i line.

S M. Sr Kt M o C yr dty.

M o C. T cmmnd th frst dvsn o lne o Cvlry tch thm thr vrs evalutns frm th ave fr th reptn & dprtr o th svrn m & prpr th lns fr inspctn & rview.

S M. Th M o Dsptchs stn.

M o C. O th lft i frnt o th mstr o th plc.

S M. Sr Kt M o Dsptchs yr dty.

M o D. Fthfly t rcrd th trnsactns o th cncl clct th rvenue & pa th sme ovr t th M o financs.

S M. Th M o Finac stn.

M o D. O th rght i frnt o th Chnclr.

S M. Sr Kt M of F yr dty.

M o F. T rcv i chrg th fnds & prprty o th

cncl pa al ordrs o th trsry & rndr a jst & fthfl acent o th sme whn rqrd.

S M. Th Palts stn.

M o F. O th rght i frnt o th Chnclr.

S M. Sr K Prlt yr dty.

Prlt. T prsde i th R A Cncl admnstr th oblgn & ofr up pryrs & oblations t th daity.

S M. Th M o th Plce stn.

Prlt. O th lft o th Svrn Mstr.

S M. Sr Kt Mo th Plc yr dty.

M o P. T se tht th prpr ofcrs mke du prprns fr th mtngs o th cncl & tht th cncl chmbr i i stbl array fr th reptn o cnds & th dsptch o bsns als t cmmct al ords isud by th S M t th Ofcrs o th lne.

S M. Th Chnclrs stn.

M o P. O th rght o th Svrn M.

S M. Sr Kt Chnclr yr dty.

Chnclr. T rcv & comncte al ptns sgns & ordrs t asst th S M i hs various dts & i hs absnc t prsde i th cncl.

S M. Th S M stn.

Chnclr. I th E.

S M. Hs dty.

Chn. T prsd ovr & gvrn the encl prsrv inviolte th lws & enstitutns o th ord cnfr ths ord o Kthd o ths whm th cncl shl aprv t dspnce jstce rwrd mrt encrge trth spprers profanity and dfse th sblme prncple o universl bnvlce.

S M. Sr Kt our Prlt wl yu ld in prayer.

Prayer at Opening a Council.

O Thou eternal, immortal, and invisible God: we would desire to come into Thy presence, at this time, with grateful hearts, to render thanks and praise for the wonderful display of Thy goodness and mercy. Be Thou pleased, O God, to be with Thy servants who are now assembled in Thy name; lift upon each one of us the light of Thy countenance; defend us from the evil intentions of our enemies, while traveling the journey of life; and when we shall finally come into Thy presence, to be freed from the chains of sin, and the sack-cloth of repentance, be Thou merciful unto us, O God, not according to our deserts, but according to our necessities; and Thine shall be the praise, forever and ever. Amen.

Response.—So mote it be.

S M. Attn Sr Kts I nw dclr ths encl o Kts o th R C dly opnd. Sr Kt Wrdr infrm th Sntnl g g g g g g g g g

g g g g g g g g g

Wrdr. S M, th sntnl i infrmd.

S M. Sr Kt Wrdr yu wl rtre & ascrtn i thr ar any cndts i wtng fr ths ordr o Kthd & rprt * * *

Wrdr. S M I fnd i wtng Cmpns A B & C fr th ordr o th R C.

S M. Sr Kt M o D hv th bn dly elctd.

M o D. S. M. Thy hv.

S M. Sr Kt M o D & Sr Kt M o Inf yu wl rtr prpr & prsnt th cndt.

* * * Ordr o R C.

(Cndt clthd a a R A M & acmpnd b th M o I mks a alrm gg gg gg gg a th dr.)

M o C. Thr i a alrm mst E Prlt.

Prlt. S wht occations i (M o C goes out).

M o C. Whn cms hre.

M o I. A cmpn wh hs bn rglr in psd t th dgr o F C rasd t th sblm dgr o M M Advncd t th hnry dgr o M M M eletd & prsdd a M i th chr revd & acknldgd a M E M exltd t th agst dgr o R A M & nw slicts th hnr o bng created a Kt o th illstrs ord o th R C.

M o C. I ths o yr ow fr wl & acrd.

Cndt. I i.

M o C. I h wrthy & wl qlfd well skld i th prsdg dgrs.

M o I. H i.

M o C. B wht frthr rght o bnft ds h expct t gn admsn.

M o I. B th bnft o a ps.

M o C. Hs h th ps.

M o I. H hs.

M o C. Advnc & gve i.

M o I. Wth yr astnc h wl.

(Cmmt R A Wrd *** *** ***

M o C. Th ps i rght yu wl wt untl th M E Prlt i infrmd of yr rqst & hs ans rtrnd.

(M o C rtrns t encl.)

Prlt. Sr Kt M o C wht octns th alrm.

Mo C. A cmpn wh hs bn rglry int pst t th

dgr o F C rasd t th sblm dgr o M M advncd t th hnry dgr o M M M elected & prsided a M i th chr revd & acknldgd a M E M exaltd t th augst dgr o R A M & nw slits th hnr o bng creatd a Kt o th illustrious ord o R C.

Prlt. I ths a act o hs ow fr wl & acrd.

M o C. I i.

Prlt. I h dly & try prprd wrth & wl qlfd & wl skld i th prsdg dgrs.

M o C. H i.

Prlt. B wht frthr rght o bnft ds h expct t gn admsn.

M o C. B th bnft o th ps which h hs gvn crrctly.

Prlt. Ths bng tru yu wl admt hm t th C Chmbr.

(Cndt i admt & advncs twrd th alt wth M of I, but prior to his admittance th M o th Plc wl command.

Attention Escort.

PRELATE'S ESCORT.

The Senior Warden will command the Sir Knights to

FALL IN.

He will form them into two divisions, with swords at a *carry*, and will order the Warder to inform the Prelate that the escort is ready, and awaits his pleasure. The Warder will accompany the Prelate to his post, on the left of the escort. As the Prelate reaches the right of the lines, the Senior Warden will command.

Present—ARMS.

And when the Prelate reaches the left, the Senior Warden will command.

Carry—ARMS—*Right* — FACE — *Forward*—
File Left—MARCH.

On arriving at the Prelate's chamber, the Senior Warden (if the apartments will allow of it) will command.

Open Order—MARCH.

At the command, MARCH, the two divisions will oblique to the right and left (without shortening the steps), until the space required is gained by the first files; then they will march directly forward.

On reaching the proper position, the Senior Warden will command.

HALT—*Inward*—FACE—*Present*—ARMS.

When the Prelate has passed through the lines to his station, the Senior Warden will command.

Carry—ARMS.

During the further use of the escort, if it remains in the Prelate's chamber, the Senior Warden will command.

Attention, Sir Knights—*Present*—ARMS—UNCOVER.

At the command, UNCOVER, the Sir Knights will, with the left hand, gently lift the chapeau from the head, and place it on the right shoulder, passing the left forearm between the sword hand and the chest.

Pr'lt. The cncl Lr asmbld rprsnts th Gr Cncl whc asmbld a Jrslm i th scnd yr o Darias Kng o Prsia t dliberate o th unhappy stte o th cntr drng th rgn o Artaxerxes & Ahashuerus & t dvse sme mns b whc thy mght gn th fvr o th nw svrn & obtn hs cnsnt & prtctn i rbldg th cty & Tmple I yu ar dsrs of prtcpting i thse dlbrtns a ths tme i wl b ncsry tht yu asme th nme & chrctr o Zrbl on o th prnes o th hse o Jdh whs hnds hlpd t la th fndtns o th scnd Tmp & whs hnds th Lrd hd prmsd shld cmplt i Attnd nw a lssn frm th rcrds o ou fthrs.

Reading of Scripture.

Now in the second year of their coming unto the house of God at Jerusalem, in the second month, began Zerubabbel, the son of Shealtiel, and Jeshua, the son of Jozadak, and the remnant of their brethren, the priests and Levites, and all they that were come out of the captivity unto Jerusalem: and appointed the Levites, from twenty years old and upward, to set forward the work of the house of the Lord. Then stood Jeshua, with his sons and his brethren, Kadmiel, and his sons, the sons of Judah, together, to set forward the workmen in the house of God; the sons of Henedad, with their sons and brethren, the Levites. And when the builders laid the foundation of the temple of the Lord, they set the priests in their apparel with trumpets, and the Levites, the sons of Asaph, with cymbals, to praise the Lord, after the ordinance of David, king of Israel. And they sung together by course, in praising and giving thanks unto the Lord, because he is good, for his mercy endureth forever toward Israel. And all the people shouted with a great shout when they praised the Lord, because the foundation of the house of the Lord was laid. *Ezra* iii. 8—11.

Now when the adversaries of Judah and Benjamin heard that the children of the captivity builded the temple unto the Lord God of Israel, then they came to Zerubbabel, and to the chief of the fathers, and said unto them. Let us build with you; for we seek your God as ye do; and we do sacrifice unto him, since the days of Esarhaddon, king of Assur, which brought us up hither. But Zerubbabel and Jeshua, and the rest of the chief of the fathers of Israel, said unto them, ye have nothing to do with us to build an house unto our God; but we ourselves together will build unto the Lord God of Israel, as king Cyrus, the king of Persia, hath commanded us. Then the people of the land weakened the hands of the people of Judah, and troubled them in building, and hired counsellors against them, to frustrate their purpose, all the days of Cyrus, king of Persia, even until the reign of Darius, king of Persia. And in the reign of Ahasuerus, in the beginning of his reign, wrote they unto him an accusation against the inhabitants of Judah and Jerusalem. And in the days of Artaxerzes wrote Bishlam, Mithredath, Tabeel, and the rest of their companions, unto Artaxerxes, king of Persia; and the writing of the letter was written in the Syrian tongue, and interpreted in the Syrian tongue: Rehum, the Chancellor, and Shimshai, the scribe, wrote a letter against Jerusalem to Artaxerxes, the king, in this sort: This is a copy of the letter that they sent unto him, even unto Artaxerxes, the king:—Thy servants, the men on this side the river, and at such a time. Be it known unto the king, that the Jews, which came up from thee to us, are come into Jerusalem, building the rebellious and the bad city, and have set up the walls thereof, and joined the foundations.

Be it known now unto the king, that if this city be builded, and the walls set up again then will they not pay toll, tribute and custom, and so thou shalt endamage the revenue of the kings. Now because we have maintainence from the king's palace, and it was not meet for us to see the king's dishonor, therefore have we sent and certified the king; that search may be made in the book of the records of thy fathers; so that thou find in the book of the records, and know that this city is a rebellious city, and hurtful unto kings and provinces, and that they have moved sedition within the same of old time; for which cause was this city destroyed. We certify the king, that if this city be builded again, and the walls thereof set up, by this means thou shalt have no portion on this side the river. Then sent the king an answer unto Rehum, the chancellor, and to Shimshai, the scribe, and to the rest of their companions that dwell in Samaria, and unto the rest beyond the river, Peace, and at such a time. The letter which ye sent us hath been plainly read before me. And I commanded, and search hath been made, and it is found that this city of old time hath made insurrection against kings, and that rebellion and sedition have been made therein. There have been mighty kings also over Jerusalem, which have ruled over all countries beyond the river; and toll, tribute and custom was paid unto them. Give ye now commandment to cause these men to cease, and that this city be not builded, until another commandment be given from me. Take heed how that ye fail not to do this: why should damage grow to the hurt of kings? Now, when the copy of king Artaxerxes' letter was read before Rehum, and Shimshai, the scribe, and their companions, they went up in haste to Jerusalem, unto the Jews, and made them to cease by force and power. Then ceased the work of the house of God, which is at Jerusalem. So it ceased unto the second year of the reign of Darius, king of Persia.—*Ezra* iv.

M o I. M E Prlt ou Sovrn Lrd Dari th kng hvng asnd th thrn o Prs nw hps ar insprd o prtctn & sprt i th nbl & glrs undr:kg whc hs bn s lng impeded b ou advrsrs o th othr sde o th rvr. Fr whl h ws yt a mn i prvt lfe h mde a slmn vw to G tht shld h evr asnd th thrn o Prsa h wld rbld ou cty & Tmp & snd al th hly vssls rmng i Bbln bck t Jrslm. Ou M E & fthfl cmpn Zerbl wh ws frmly hnrd wth th fvr ntce & frndshp o th king whn i prvt lfe nw ofrs hs srvcs t encntr th hazrdrs entrprse o trvrsng th Prsn dmns & skng ad-msn int th prsnc o th kng whn th frst fvrabl moment wl b szd t rmnd hm o hs vw & im-prs upo hs mnd th almghty frce & impt o trth & fr hs wl knwn piety no dbt cn b en-trtnd of obtng hs cncnt tht our enems b rmvd fr hnce & w b n lngr impd i o nbl & glrs undrtkg o rblg th cty & Tmp.

Prlt. Zerbl th cncl wth grt joy accpt yr nbl & gnrs offr & wl nw invst yu wth th nscry psprts b th mns o whc yu wl be en-abld to mke yrslf knwn t th frnds o ou cse whrvr yu ma meet thm Bt i an undrtkg o s mch imprtnc i i prsmd nscry tht yu entr int an obln t b fthfl t th trst rpsd i yu I am nw rdy t admnstr tht obln & if i b of yr ow fr wl & accrd yu wl advnc & knl a th Alt i du frm.

(Knlng o lft K on two crossed swrds yr

rght frmg a sq rght hnd grspng th hlt o yr swrd yr lft hnd rstng o th grt lgths & tw crsd swrds.)

Yu wl sa I, prnce yr nme i fl & rpt aftr m o m ow fr wl & acrd i th prsnc o Almty G & ths cncl o K o th R C erctd to G & ddctd to Zrbl d hrby & hrn mst slmly & snc prmc & sw tht I wl nt cmnct th scrts o th ord o R C Kts nr an pt thrf t an prsn i th wrld except i b t a tru & lwfl Sr Kt o ths ord o i a lgl cncl of Kts of th R C & nt unt hm o thm untl aftr strct trl du exmntn o lwfl infrmtn I shl hve fnd hm o thm a lwfly entitld t th sme a I am myslf I fthrmre prmc & sw tht I wl nt ast o b prsnt a th cnfrng o ths ord o kthd upo an on wh hs nt rcvd th prcdg dgrs o E A, F C, M M, M M M, P M, M E M & R A M i a jst & lgl mnr t m fl & entr stsfctn Fthrmre I wl nt ast o b prsnt a th opng o clsng o a cncl o R C Kts unls thr b prsnt 7 rglr Sr Kts o ths ord o th rprsntvs o thr dfnt cmndrs actg und lgl authrty Fthrmre I wl vndct th chrctr o a wrth Sr Kt o ths ord whn wrngfly traduced & wl b evr rdg t asst hm o al lwfl octns s fr a trth hnr & jstce ma wrrnt Fthrmre I wl ans al lwfl sgns & smns gvn m b a wrth Sr Kt o ths ord i cnstnt s t do & wl oby al rglr smns snt t m frm a lgl cncl o R C Kts i wthn th dstnc of frty mls ntrl infrmts & unavdbl acdnts onl excsng m.

Fthrmre I wl cnfrm t & abde by th lws rls & rgltns o ths o an othr cncl o Kts o th R C o whc I ma bcm a mmbr Th cnstn lws & edcts o th Gr Cmndr undr whc th sme ma b hldn tgthr wth thse o th Gr Enc o th U S s fr a thy ma cme t m knldg.

T al o whc I d slmly & sncrly prmc & vw bndng myslf undr n ls a pnlty thn tht o hvng m hse pld dwn th tmbrs thr fst up & I hng thrn & whn th lst trmp shl snd b frvr excld fr th socty o al tru & crteous Sr Kts shld I evr b glty o wlfly violtg ths m slm oa o obln o a Kt o th R C s hlp m Gd & kp m stdfst (Kss b K.)

Prlt. Yu wl nw ars. I wl nw invst yu wth ths grn sash a a mrk o ou prtcn fvr & estm yu wl wr i a a prptul memorl to stmulte yu to th fthfl prfmnc o evry dty bng assurd tht th mmory o hm wh fls i a jst cse i ever blsd & shl firsh lke th green bay tr.

Our M o C wl nw invst yu wth th Jwsh cntrsgn.

M o C. Th Jwsh cntrsgn i gvn by fr cts o th sw & undr a arc o stl J—— B.

Prlt. Yu wl nw cmnc yr jrny & ma scess atnd yu Zerb frewl * * *

After the ceremonies for which the escort was formed are concluded, the Junior Warden will command,

Attention, Sir Knights—RE-COVER—*Carry*—ARMS—*Left and Right*—FACE—*Forward*—MARCH.

And when they have arrived at the East, in open order he will command,

HALT.

Attention, Sir Knights—*Inward*—FACE—*Return*—SWORDS—*Left and Right*—FACE—*To your Posts*—MARCH.

If it is desired to escort the Prelate from his apartments in the manner as above directed, the escort will stand fast, at open order, inward faced, until the Prelate has passed through the lines to the East, when the escort will be dismissed. No salute will be given as he passes through the lines on his return to the East.

1st G. Hlt wh cms hre.

Ans. A frnd.

1st G. Advnc & gv th cntrsgn * * * *

1st G. Th ps i rght ps o * * *

2nd G. Wh cms hre.

A. A F

2nd G. Adv & gv th cntrs * * * *

2nd G. Th P i r ps o.

(Cms t brdge.)

M o I. Yu hr prcve a brdg dvdg th Jwsh fr th Prsn dmns fthr I cnnt acmpny yu & a yu hv prmcd t trvrse th Prsn dmns yu wl hve t g b yrslf.

Mts Prsn G.

Pr G. Wh cms hr.

A. A Fr

P G. Adv & gv th cntrs * * *

P G. Grds asmbl A sp a enem aprchs.

M o I. Wh us ths violenc wh trt m ths I a nthr a enem nr a sp.

P G. Wh ar yu.

M o I. A prnc o th hse o Jdh & dsr a audnc wth yr Svrn i psbl.

P Grd. A prnc o th hs o Jdh yu ar ou prsnr & cn onl apr bfr hm a ou cptv & slv d yu cnst.

Cndt. I d.

P G. Thn grds dvst hm o tht swrd & ssh invst hm wth a grb o slvr bnd hs hnds wth chns o (triangular links) pt sck clth & ashs upo hs hd tht a a ctv & slv h ma apr bfr ou svrn.

(Tkn t cncl chmbr.)

Wrdr. Wh cms hr.

Grd. A dtchmt o hs mjstys grd wh hv mde prsnr o on wh says h i a prnc o th hse o Jdh.

Wrd. Whnc cm yu.

M o I. Frm Jrslm.

Wrd. Wh ar yu.

M o I. A chf amng m eqls a msn fre b rght bt nw a cptv & slv i dstrs (o b msfrtne).

Wrd. Wht i yr nme.

M o I. Zerbl.

Wrd. Wht d yu dsre.

M o I. A audnc wth yr Svrn i psbl.

Wrd. Yu wl wt untl h i infrmd o yr rqst & hs ans rtrnd.

(Rtrns t encl.)

S M. Sr Kt Wrdr wht i th cse o tht alrm.

Wrd. A dtchmt o yr mgstys grds wh hv mde prsn o on, wh clms t b a prnc o th hse o Jdh.

S M. Frm whnc cme h.

Wrd. Fr Jrslm.

S M. Wht i h.

Wrd. A chf amng hs eqls a msn fr b rght bt nw a cptv & slve in dstrs (b msfrtne.

S M. Wht i hs nme.

Wrd. Zerbl.

S M. Wht i hs dsre.

Wrd. An audnc wth yr mgsty i psbl.

S M. Aftr hvng ascrtnd tht h i armd wth n hstle wpn yu wl admt hm.

Wrd. (Out side.) I h armd wth an hstl wpn.

Grd. H i nt we hv dprvd hm o hs sw.

Wrd. Thn lt hm b admtd.

Cndt advncs undr tw crssd swrds.

S M. (To Chnclr & M o th Plce.) Wh ths i n enem ths Zrbl ws th frnd & cmpn o m yth h cn nthr b a ene nr a sp.

S M. Zerb hvng nw gnd admsn int our prsnc w cmmnd yu instntly t dclr th prtclr mtv which inded yu wth frc & arms & without ou prmsn t penetrt wthn th cnfns o ou dminions.

M o I. Th trs & cmplnts o m cmpns i Jrslm wh hv bn s lng & so oftn impd b ou enem o th othr sde o th rvr i th nbl & glrs undrtkg in whc w wre prmtd t engge b ou lte svrn Cyr Kng o Prs Bt thy hvng csd tht grt wrk t cse b frce & pwr I hve cm u t slct yr mjstys clmncy & tht yu wld b plsd t rstr m t fvr & grnt m emplmnt amng th svrnts o yr hsehld.

S M. Zerbl I rmmbr wth plsr ou frmr intmcy & frndshp I hve als oftn hrd wth grt stfctn o yr fme a a wse & acmplshd fr M & hvng th mst prfnd venrtn fr tht anct & hnrbl instn I wl ths instnt nt onl grnt yr rqst bt wl bstw upo yu on o th prncple ofcs i m plc o cndtn tht yu rvl t m th scrts o F M.

M o I. Whn ou anc G M S Kng o I insttd th hnrble frtrnty o frmsnry h tght u tht trth ws a dvne atrbt & th fndatn o evr vrtu T be gd & tr i th frst lsn w ar tght i msnr M enggemts ar inviobl & i I cn obtn yr mjstys clmncy onl a th expnse o m intgrty I hmbl bg lve t dcln yr royal fvr & wl chrfly sbmt t a hnrble exile o a ghrs dth.

S M. Zrbl yr vrtu & intgrity ar truly cmndble & yr fidlty t yr enggmts wrthy o imitn yr rqst i grntd frm ths mmnt yu ar fr M grds wl dvst yu o ths chns & tht grb o slvry & clth yu i stbl hblmts to atnd a bnquet t whc I hv ths da invitd th prncs & nbls o m rlm Grds dvst hm o tht grb o slvry & ths galling chns & ma thy nvr agn dsgrce th hnds o a F & A M (Tke thm of I sa) o strike o ths chns.

S M or Chnclr. Brng fth th ryl rbe & clth hm i hblmnts bcmng hs stn Zerb I greet the b std amg th prncs o th rlm.

Wrd. S M Th bnqt wts.

S M. Prnc Chnclr M o th P & Zerb yu wl accmpy u t th bnqt hl.

Banquet.

S M. Sr Kts i hs bn a cstm amng m predecessors t propose a th bnqt crtn dfclt qstns t thr cmpns & ofr prncly rewards t ths wh shld gve th mst stfctry ans I hv a crtn qstn t prpse whc I hve rvlvd i my mnd & altho I cn nt ofr prncly rwrds yt ths I wl sa tht h wh wl gve th mst satfcty ans shl nt g unrwrdd my qstn i ths whc is th grtst The Strength o Wne Tht o th Kng o tht o Wmn Sr Kt Prnc Chnclr wht i yr opn.

Chnclr. Svrn M I a o th opn tht wn i th strngst.

S M. Sr Kt M o th P wht i y opn.

M o th P. Sovrn M i i m opn tht th Kng i th strngst.

S M. Hs ou frnd Zerbl a opn o th qstn.

M o I (fr Zer). I hve & wth du deference t th opns o th Sr Kts Prnc Chn & Mst o th Plc. I i m opn tht wmn ar strngr thn wne o th Kng. Bt tht abve al trth brth th vctry.

S M. Th adtn yu hv mde t m qstn i a imprtnt on Sr Kts i i m pls tht yu asmbl i th cncl chmbr prprd wth stbl argmnts t sprt yr opns Sr Kt Wrdr brk up th bnqt.

(Rtrn t cncl chmbr.)

S M. Sr Kt Prnc Chn a ou bnqt o ystrd i ans t th qstn propndd yu gv i a yr opn tht wne i th strongst.

THE STRENGTH OF WINE.

Chn. O ye princes and rulers, how exceeding strong is wine! It causeth all men to err that drink it; it maketh the mind of the king and the beggar to be all one; of the bondman and freeman; of the poor man and of the rich; it turneth also every thought into jollity and mirth, so that a man remembereth neither sorrow or debt; it changeth and elevateth the spirits, and enliveneth the heavy hearts of the miserable. It maketh a man forget his brethren, and draw his sword against his best friends. O ye princes and rulers, is not wine the strongest, that forceth us to do these things?

THE POWER OF KINGS.

S M. M o th P wht do yu sa: It is beyond dispute, O princes and rulers, that God has made man master of all things under the sun; to command them, to make use of them, and to apply them to his service as he pleases; but whereas men have only dominion over other sublunary creatures, kings have an authority even over men themselves, and a right of ruling them by will and pleasure. Now, he that is master of those who are masters of all things else, has no earthly thing above him.

THE POWER OF WOMEN, AND OF TRUTH.

S M. Zerbl wht is yr argmt: O princes and rulers, the force of wine is not to be denied, neither is that of kings, that unites so many men in one common bond of allegiance, but the supereminency of *women* is yet above all this; for *kings* are but the gifts of women, and they are also the mothers of those that cultivate our *vineyards.* Women have the power to make us abandon our very country and relations, and many times to forget the best friends we have in the world, and forsaking all other comforts, to live and die with them. But when all is said, neither they, nor wine, nor kings, are comparable to the almighty force of *truth.* As for all other things, they are mortal and transient, but truth alone is unchangeable and everlasting; the benefits we receive from it are subject to no variations or vicissitudes of time and fortune. In her judgment is no unrighteousness, and she is the strength, wisdom, power and majesty of all ages. Blessed be the God of truth.

Response.—Blessed, *thrice blessed,* be the God of truth.

S M. Wl hst tho ansd Zerbl ask wht tho wlt & i shl b grnt th bcse tho art fnd wst amng thy cmpns.

THE KING'S VOW.

O king, remember thy vow, which thou hast vowed, to build Jerusalem in the day when thou shouldst come to thy kingdom, and to restore the holy vessels which were taken away out of Jerusalem. Thou hast also vowed to build up the temple, which was burned when Judah was made desolate by the Chaldees. And now, O king, this is that I desire of thee, that thou make good the vow, the performance whereof with thine own mouth thou hast vowed to the King of Heaven.

S M. Zerbl I wl fthfly flfl tht vw ltrs & psprts shl b issud b m ofcrs & thy shl gve yu & ths wh acmpny yu a sfe cndct t Jrslm & yu shl b n lngr impd i th nbl & glrs undrtkg o rbldg th cty & Tmp untl th shl b cmpltd.

Ths grn sh o whc yu wre drprvd b m grds I nw wth plsr rstr to yu w wl mk i th insgna o a new ord clcultd t prptuate th rmbrnc o th evnts whc hv csd th rnwl o ou frndshp. I clr wl rmnd yu tht trth i a dvne atrbt & wl flrsh i imrtl gr I wl nw cnfr upn yu th hst hnr i m pwr t bstw b crtg (o cnsttg) yu a frst Kt o an ord instd fr th exprs prps o incltg th almghty frc & pwr o trth, yu wl kn Sr A B b vrtu o th hgh pwr i m vstd (a th rprsttve o Darius Kng o Prs) I d nw cnstt create & dub yu a Kt o th illstrs ord o R C Ars Sr Kt & wth ths hnd rcv a hrty wlcm int th bsm o a socty evr rdy t asst & dfnd

& prtct yu Ths swrd wth whc yu wre invstd b yr frnds t enbl yu t dfnd yrslf agnst yr enms & o whc yu wre drprvd b m grds I nw wth plsr rstr t yu fr th nbl & glrs prpse of prtctg injrd innocence & opprssd vrtu. I yr hnds a a tru & crts Kt i i endwd wth thr mst estmbl qlts its hlt wth Fth i bld wth Hpe & i ptr wth Chrty & tchs ths imprtnt lsn tht whn w dr ou swrds i a jst & vrts cse hvng fth i G w ma rsnbl hpe fr vctry evr rmbrng t extnd th pnt o chrty t a fln & vnqshd foe I wl nw invst yu wth th prsn ps fr th wnt o whc yu wre dtnd a a sp & mde a prsnr b m grds.

Th wrd i gvn b thr cts o th swrd & ovr a ar o st (L——))(

Th Gr S—G & W i gvn b fr cts & und a ar o st, th S i gv a' th fr ct & i in imtn of blwg a trmpt)—( )((V——)

Th bnr o th ord o th R C i a str o ei pts st i a gr fld, arnd whc i th mtto:

Magna Est Veritas el Prevalebit.

Grt i trth & wl prvl.

S M. Attn Sr Kt Revr arms cry arms. Rtrn i t i scbrd & thr lt i b cnsmd b rst rther thn drw i i th cse o injstc o oprsn fr trth jstc & rational lbrty ar th Gr Chrstcs o ths ord.

S M. Sr Kt yu wl b std amng th Sr Kts.

S M. Sr Kt Wrdr i i m wl & plsr tht ths cncl o Kts o th R C b nw dsslvd fr th prpse o clsng whn a cncl o Kts o th R C i abt t b clsd wht bcms yr dty.

Wrdr. T se th ofcrs a thr rsptv stn & th cncl dly grd.

S M. Sr Kt Wrd yu wl infrm the sntnl tht ths cncl o Kts o th R C i nw abt t b clsd h wl tk du ntc thrf & gvrn hmslf acrdly.

Waiving al frthr frm & crmny I herby dclr ths cncl o Kts o th R C dly clsd Sr Kt Wrdr infrm th Sntnl.

(When closed in frm i i the same as the opening.)

gg gg gg gg g

gg gg gg gg g

ORDER OF K. T.

E C. Sr Kt Jr W yu wl intrdce the cndt int th chmbr o rflctn whr h wl ans th qstns cntaind in ths book, whe h wl do i wrtng aftr whe h wl prfrm th cstmry abltns.

* * *

J Wrdn rtrs & intrdcs cndt hdwrked int th chmbr o rflctn, aftr rmvg th hdwrk.

J W. Sr Kt yu ar nw i a rm cld th chmbr o rflctn whr yu wl b lft i slnc & sltde t cnsdr ovr & gve yr ans t thr dfrnt qstns whe yu wl fnd bfre yu i wrtng ths qstns yu ar rqstd b th rls o ou ord t ans agrbly t th dcts o yr cncnce & cmmt yr ans t ppr b sgn ea qstn ys o n a yu sh se cse & sbscrbg yr nme a th btm ths hvng bn dne yu wl wsh yr hnds i wtr whe yu wl fnd bfre yu & wpe thm o th npkn Thn mk a alrm & I wl b wth yu (J W rtrs).

Cndt. g g g.

J W rntrs & tks th bk.

J W. Sr Kt wt hre a tme untl th E C i infrmd o yr rqst & hs ans rtrnd.

J W mks a alrm.

Wrd. Wht ocns ths alrm.

J W. Thr i i th chmbr o rflctn a wrthy Kt o th R C wh hvng rcvd th ncsry dgrs i nw dsrs o bng created a Kt o th vlnt & mgnms ord o th T.

Wrd. Hs h ansrd th ncsry qstns prpndd t hm.

J W (Prsntg th ans). H hs & i tkn o hs snerty hs prfrmd th crmny o abltn.

Wrd. Wt untl th E C i infrmd o hs rqst & hs ans rtrnd.

E C. Sr Kt Wrd wht occns th alrm.

Wrd. Thr i i th chmbr o rflctn a Sr Kt o th R C wh hvng rcvd al th nsry dgrs i m—i nw dsr o bng crtd a Kt o th vlnt & mgnnims ord o th T.

E C. Hs h ans th nscry qstns prpnd t hm.

Wrd. H hs & i tkn o hs snerty hs prfrmd th crmny o ablutn.

E C. Prsnt th ans * * *

Ths fr hs ans ar stsfctry bt a a tril o hs ptnc & prsvrnc I enjn upo hm th prfrms o svn yrs o plgrmgc und the drctn o th J W drst i plgrms wds wth sndls stf & scrp.

Wrd (To J W). Ths fr hs ans ar stsfctry bt a a trl o hs ptnc & prsvrnc th E C enjns upo hm th prfrmc o svn yrs of plgrmge undr yr dretn drst i plgrms wrds wth sndls stf & scp, yu wl thrfr invst hm wth sndls st & scp & undr yr dretn lt hm cmnce th sme.

(J W rtrns t chmbr o rflctn.)

J W. Ths fr yr ars ar stfctry bt a a trl o yr ptnce & prsvrnc th E C enjns upo yu svn yrs o plgrmge drsd i plgrms wds wth sndls st & scp yu wl thrfr rtre wth m & b invstd wth snd's stf & scrp & undr m dretn a J W cmnce th sme.

(Cndt i invstd &c A'rm a frst tnt.)

1st G. Hlt wh cms hre.

J W. A wry plgrm trvlg fr afr t jn wth ths wh hv gn bfre & ofr u hs dvtns a th hly shrne.

Plgrm I greet thee.

Silver and Gold have I none, but such as I have give I unto thee.

Cme int m tnt B std yu apr t b wry tke sme rfshmnt hre i gd brd & pre wtr smpls fre bt sch a wry plgrms nd Hlp thyslf sfr m t exmn th scrp. Th brd i nrly exhstd I wl ad t thy stre th wtr i wl ngh spnt lt m rplnsh

i. Hrkn t a lsn t chr th o thy wa & asur th o scess.

And Abraham rose up early in the morning, and took *bread* and a *bottle* of *water* and gave it unto Hagar (putting it on her shoulder) and the child, and sent her away, and she departed and wandered in the wilderness, and the water was spent in the bottle, and she cast the child under one of the shrubs; and the angel of God called to Hagar out of Heaven, saying, Arise, lift up the lad and hold him in thine hand for I will make him a great nation; and God opened her eyes, and she saw a well of water. By faith Abraham sojourned in the land of promise as in a strange country, dwelling in tabernacles; for he looked for a city which had foundations, whose builder and maker is God. Be ye therefore followers of God, as dear children, rejoicing in the Lord always; and again say, rejoice.

Plgrm farewell......God speed thee on thy way.

* * *

2nd G. Hlt wh cms hre.

J W. A wry plgrm trvlng frm afr t jn wth ths wh hve gne bfre t ofr up hs dvtns a th hly shrn.

2nd G. Plgrm I grt th. Slvr & gld hve I nne bt sch a I hve gve I unt the cm int m tnt B std yu apr t b wry tke sme rfrshmt hr i gd brd & pre wtr sch a wry plgrms nd lt m exmn th scrp thy brd i nrly exhstd I wl rplnsn th stre Th wtr i nrly spnt lt m rplnsh i Hrkn t a lssn to chr th o thy wa & asr th o sccs.

If a brother or sister be naked and destitute of daily food, and one of you say, Depart in peace, be ye warmed and filled, and ye give them not of those things which are needful for the body, what doth it profit? To do good and communicate, forget not, for with such sacrifices God is well pleased. Beware, lest any man spoil you through philosophy and vain deceit, after the traditions of men; after the rudiments of the world, and not after Christ; for in him dwelleth all the fullness of the godhead bodily.

Farewell Plgrm......God speed thee on thy way.

* * *

Thrd G. Hlt wh cms hr.

J W. A wry plgrm trvlng fr afr t jn wth ths wh hve gn bfre t ofr up hs dvtns a th hly shrn.

3rd G. Plgrm I grt th (sme a 1st & 2nd Grd) Hrkn unt a lsn t chr th o th wa & asre th o sccss.

He that receiveth you receiveth me, and he that receiveth me receiveth him that sent me. Come unto me all ye that labor and are heavy laden, and I will give you rest. Take my yoke upon you and learn of me, for I am meek and lowly in heart, and ye shall find rest unto your souls, for my yoke is easy and my burden is light. Whosoever shall give to drink unto one of these little ones a cup of cold water only, in the name of a disciple, verily I say unto you he shall in no wise lose his reward.

Farewell Plgrm......God speed thee on thy way.

* * * Alrm a th asylm.

Wrd. Wh cms hr.

J W. A wry plg trvlg fr afr wh hvng prfrmd fl thr lng yrs o plgrmge crvs nw prmsn i i pls th E C frthwth t dvte th fr rmng yrs to dds o mre exaltd usflns & i dmd wrthy hs strng dsr nw is t b admtd amng ths vlnt Kts whs wl ernd fme hs sprd bth fr & wde fr dds o chrty & pre bnficnce.

Wrd. Wht srty cn h ofr tht he i nt a impstr

J W. Th cmndtn o a vlnt Kt th J W wh remnds t th E C a rmsn o th fr rmng yrs o plgrmge.

Wrd. Wt a tme wth ptnce & prsvrnce & sn a ans shl b rtrnd t yr rqst.

E C. Sr Kt Wrd wht octns tht alrm.

Wrd. A wry plgrm trvlg frm afr wh hvng prfrmd fl thre lng yrs o plgrmge crvs nw prmsn i i plse th E C frthwth t dvte th fr rmng yrs t dds o mre exltd usflns & i fnd wrthy t b admtd amng ths vlnt & mgnnms Kts whs wl ernd fme hs sprd bth fr & wde fr dds o chrty & pre bnfcnce.

E C. Wht srty cn h ofr tht h is n impstr.

Wrd. Th cmmndtn of a vlnt & mgnnms Kt th J W wh remmds t th E C a rmssn o th fr rmng yrs.

E C. Ths bng tru Sr Kt Prlt yu wl cndct th wry plgrm t th hly alt & aftr h hs tkn a oblgn frvr t b fthfl t th trst rpsd i hm yu wl invst hm wth a swrd & bcklr tht a a plgrm wrior h ma prfrm svn yrs o wrfre undr th drctn o th S W.

E C. Sr Kt S W yu wl selct a dtchment (of trps) & cndct ou illstrs Prlt t hs aprtmnt.

S W. Attention Escort—Fall In—

Count off in twos fr right t left.

In two divisions right face.

S W. Sr Kt Prelate th escrt i frmd & awts yr plsr. Attention Sr Kts Present Arms.

Prlt. Sr Kt S W lead on.

S W. Carry Arms forward March * * * on arvg a th Prlts aprtmt the S W wl command Open Order March Inward Face Present Arms.

Prlt. Attention Sr Kts Uncover.

(Candt entrs.)

Prlt. Plgrm bfr w cn prcd an fthr i bcms ncsr tht yu tke a slm vow fvr t kp inviolt al th serts bng cmmctd t yu a ths tme ar yu wlng t tk ths obln.

Candt. (I a.)

Prlt. I i b o yr o fr wl & acrd yu wl advnc & knl a th alt i du frm knlg o crss swrds bth hnds rstng upo th thr grt lgts & tw swrds crsd.

Yu wl sa I prmc yr nme i fl & rpt aftr m o my ow fr wl & acrd i th prsnc o Almt G & ths cmndr o Kts T crctd t G & ddctd t St Jn th Almoner d herby & hrn mst slmly & sncrly prmce & swr tht I wl nt cmnct th scrts o th ordr o K T nr an prt thrf t any prsn i th wrld except i b t a tru & lwfl Sr Kt o i a lgl cmndr o K T & nt unt hm o thm untl aftr strct trl du exmntn o lwfl infrmtn I shl hv fnd hm o thm a jstly entln t th sme a I a myslf.

I frthrmr prmc & sw tht I wl nt asst o b prsnt a th cnfrng ths ordr o Kthd upo any on wh hs nt rcvd th prcdg dgrs of E A, F C, M M, M M M, P M, M E M, R A M, & Kt o th R C i a jst & lgl mnr t m fl & entre stsfctn.

Fthrmre I wl nt b prsnt a th opng o clsng

o a cmnd o K T unless thr b prsnt nne rglr Sr Kts o th ord o th rprsntvs of thr dfrnt cmndrs actng undr lgl authrty.

Frthrmre I wl ai & ast wth m cncl sw & prse al pr dstrsd K T thr wds & orph th mkg apltn t m a sch & I fndg thm wrth.

Frthrmre I wl g th dstnc o frty mls b nght o b da evn bftd & o frsty grnd t sve th lfe o rlve th dstrss o a wrthy K T shld I kn tht hs necsts rqre i.

Frthrmre I wl wld m swrd i th dfnc o in-oc mdns dstte wds hlpls orph & th chrstn rlgn.

Frthrmre I wl ans al lwfl sgns & smns gvn m b a wrthy Kt o ths ord & oby a rglr smmns snt t m fr a lgl cmndry o K T ntrl infrm!s & unavdbl acdnts only excsg m.

Fthrmre I wl mntn & sprt th lws rls & rgltns o ths o any othr cmndr of K T o whc I ma bcme a mmbr th cnsttns lws & edcts o th G C undr whc th sme ma b hldn tgthr wth thse o th G Enc o th U S A s fr a thy ma cme t m knldg.

T al whc I d slm & sncr pr & sw bndg mslf und n ls a pntlt thn tht o hvng m hd strck o & plcd up th hgst spr i chrstndm shld I evr b glty o wlfly violtg ths m slm oa o obln o a K T s hlp m G & kp m stdfst (Ks bk & rses).

Prlt. Plgrm th hst crvd prmsn t prtcpte i ou slm crmns & entr th asylm o ou cmmndr.

B th sndls st & sc I jdg th t b a chld o hmlty, chrty & hsptlty ar th grnd chrstcs of ou ord i th chrctr o a K T w ar bnd t gve alms t pr & wry pl-grms trvlg fr afr t fd th hngr scer th ndy & bnd up th wnds of th affletd w hre wge wr agnst th enms o inoc mdns dsttut wds hlpls orph & th chrstn rlgn i ths dsrs t prtcpt i ths glrs wrfre la asde th st & tke up th sw * * * ftng mnfly th wa & wth vlr rng th crse & ma th almghty wh i a strng twr t ths wh pt thr trst & cnfidnce i hm b n & evr th dfnc & th slvtn Hvng tkn up th swrd i i nw expctd tht yu wl mke a pble prelmntn o th cse i whc yu wl wld i whc yu wl do und th dretn o th S W.

S W. I wl wld m swrd ⌣ i dfnc o ino mdns ⌣ dsttc wdws ⌣ hlpls orphns ⌣ & th chrstn rlgn.

Prlt. Wth cnfdnc i ths yr prclmtn ou S W wl nw invst yu wth th wrrs ps.

S W. Th Plgr wrrs ps i gvn b fr cts o th sw & und a arc o st M—S—H—B.

(S W & Cndt rtr.)

S W & Candt. I wl wld m sw i dfnc o ino mds dstte wds hlpls orph & th chr relg.

1st G. Hlt wh cms hre.

S W. A plgr wrrior trlvg fr afr wh i mst dsrs o bng admtd t th hnrs & rwrds whc awt th vlnt T.

1st G. Hs h th wrriors ps.

S W. H hs.

1st Gd. Advnc & gve i * * * th ps i rght ps on (S W & Candt.)

I wl wld m sw &c.

2nd G. (Sme a 1st G.)

3d G. (Sme a 1st G.)

Alrm a th dr o th asylm.

Wrd. Wh cms hre.

S W. A Plgr wrrior trvlg fr afr wh hvng prfrmd fl thr lng yrs o wrfre i nw mst dsrs o bng admtd t th hnrs & rwrds whc awt th vlnt Tmplr.

Wrd. Wht srty cn h offr tht h i no a imp.

S W. Th cmmndatn o a vlnt Kt th S W wh remmnds t th E C a rmsn o th fr rmng yrs o wrfre.

Wrd. B wht frthr rght o bnft ds h expct t gn admsn.

S W. B th bnft o th wrriors pss.

Wrd. Hs h th ps.

S W. He hs.

Wrd. Advnc & gve i * * *

S W. Th ps i rght yu wl wt a tme wth cnstncy & crge & sn an ans shl b rtrnd t yr rqst.

Wrdr rtrns t asylm.

E C. Sr Kt Wrd wht occns tht alrm.

Wrd. A Plgm wrrr trvlg fr afr wh hvng prfrmd fl thr lng yrs o wrfre i nw mst dsrs o bng admtd t th hnrs & rwrds whc awt a vlnt Kt

E C. Wht srty cn h ofr tht h i n a imp.

Wrd. Th cmmdtn o a vlnt Kt th S W wh remnds t th E C a rmsn o th fr rmng yrs o wrfre.

E C. B wht frthr rght o bnft ds h expct t gn admsn.

Wrd. B th bnft o th Plg wrrs ps whc hs bn cmnctd.

E C. Ths bng tru yu wl admt hm.

(Candt i admtd & advncs t th S W bse o th trngl.)

E C. M frnd wht dclr hv yu nw t mk i tstmy o yr ftns t b rcvd a a Kt amng u.

Cndt aftr S W.

I nw dclr i trth & sbrnss tht I pss n enimt o il wl agnst a sl o eart whc I wld nt frly rencle prvd I fnd i hm a crspndg dspstn.

E C. Plgr th sntmts yu utr a wrthy o th cse i whc yu ar enggd bt stl w mst rqr sme frthr prf of yr clms t ou fvr th pr w rqr i tht yu prtcpt i fve lbtns ths hvng bn dne we wl rcve & rcrd yu a Kt amng u th elemnts o th lbtns ar o th frst fr wne & wtr o th fth pre wne Ar yu wlng t prtcpt i ths lbtns.

Cndt. I a.

E C. Yu wl tke on o th gblts whc yu se bfr yu in yr hnd & prtcpt i th frst lbtn.

Cndt rptg aftr E C.

T th mmory o ou mst exclnt G M Sol Kng o I * * *

Cndt rptg aftr th E C.

T th mmry o ou anc G M Hrm Kng o Tr

Cndt rptg aftr th E C.

T th mmry o ou wrth G M H Ab th wds sn wh lst hs lfe i dfnc o hs intg.

E C. Ths lbtns ar mde t th mmry o ou anc G M t rmd us tht bth ords wre frmly gvrnd b th sme G M & tht th sme grt prncpls o univrsl bnvlnc shld gvrn bth Bt th ord int whc yu ar abt t b admtd i fndd upo th chrstn rlgn & th prtc o th chrstn vrts Attnd nw t a lssn fr th hly evnglst.

Prlt. Then one of the twelve called Judas Iscariot, went unto the chief priests, and said unto them, What will ye give me, and I will deliver him unto you? And they covenanted with him for thirty pieces of silver. And from that time he sought opportunity to betray him. Now the first day of the feast of unleavened bread, the disciples came to Jesus, saying unto him, where wilt thou that we prepare for thee to eat the passover? And he said, Go into the city to such a man, and say unto him, The master saith, My time is at hand; I will keep the passover at thy house with my disciples. And the disciples did as Jesus had appointed them, and they made ready the passover. Now when the even was come, he sat down with the twelve. And as they did eat, he said, Verily I say unto you, that one of you shall betray me. And they were exceeding sorrowful, and began every one of them to say unto him, Lord is it I? And he answered and said. He that dippeth his hand with me in the dish, the same shall betray me. The Son of man goeth, as it is written of him; but wo unto that man by whom the Son of man is betrayed! It had been good for that man if he had not been born. Then Judas, which betrayed him, answered and said, Master, is it I? He said unto him, Thou hast said.—*Matt.* xxvi. 14 25.

E C. Plgr th twl tprs o th trngl crrspnd to th nmbr o th aptls o ou & Mstr whn o eart, on o whm fl b trnsgrsn & btrd hs Lrd & mstr A a cnstnt admonitn t yu evr t prsvr i th pths o hnr intgrty & trth & a a prptl mmrl o th apstcy o Jds Iscrt yu ar rqrd b th rls o ou ord t extngsh on o the tprs o the trngl t rmnd yu tht h wh cn bsly btry hs trst &

violt hs vw i wrthy o n bttr ftc thn tht whc Jds sffrd Attnd t anthr lssn.

Then cometh Jesus with them unto a place called Gethsemane, and said unto the disciples, Sit ye here, while I go and pray yonder. And he took with him Peter and the two sons of Zebedee, and began to be sorrowful and very heavy. Then saith he unto them, My soul is exceeding sorrowful, even unto death; tarry ye here, and watch with me. And he went a little further, and fell on his face, and prayed, saying, O my Father, if it be possible, let this cup pass from me; nevertheless, not as I will, but as thou wilt. And he cometh unto the disciples, and findeth them asleep, and saith unto Peter, What! could ye not watch with me one hour? Watch and pray that ye enter not into temptation; the spirit indeed is willing, but the flesh is weak. He went away again the second time, and prayed, saying, O my Father if this cup may not pass away from me, except I drink it, thy will be done. And he came and found them asleep again; for their eyes were heavy. And he left them, and went away again, and prayed the third time, saying the same words. Then cometh he to his disciples, and saith unto them, Sleep on now, and take your rest; behold, the hour is at hand, and the Son of man is betrayed into the hands of sinners. Rise, let us be going: behold he is at hand that doth betray me. And while he yet spake, lo, Judas, one of the twelve, came, and with him a great multitude, with swords and staves, from the chief priests and elders of the people. Now he that betrayed him gave them a sign, saying, Whomsoever I shall kiss, that same is he, hold him fast. And forthwith he came to Jesus, and said, Hail, master; and kissed him.—*Matt.* xxvi. 36-49.

E C (uncvrng skl). Plgrm yu hre bhld mrtlty sprtd b dvnty a hmn skl rstg upo th H B whc i t rmnd yu tht amng th trls & vestuds w ar dstnd t encntr whl trvlng thr the plgrmg o lf a frm rlnce o dvn Prvdnc cn aln afrd tht cnsltn stfctn & pce o mnd whc th wrld cnnt gve o tk awa.

Attnd t anthr lssn fr th hly evnglst.

Prlt. When Pilate saw that he could prevail nothing, but rather a tumult was made, he took water, and washed his hands before the multitude, saying, I am innocent of the blood of this just person; see ye to it. Then answered all the people and said, His blood be on us, and on our children. Then released he Barabbas unto them; and when he had scourged Jesus, he delivered him to be crucified. Then the soldiers of the governor took Jesus into the common hall, and gathered unto him the whole band of soldiers. And they stripped him, and put on him a scarlet robe. And when they had platted a crown of thorns, they put it upon his head, and a reed in his right hand: and they bowed the knee before him, and mocked him, saying, Hail king of the Jews! And they spit upon him, and took the reed and smote him on the head. And after that they had mocked him, they took the robe off from him and put his own raiment on him, and led him away to crucify him. And as they came out they found a man of Cyrene, Simon by name: him they compelled to bear his cross. [And when they were come unto a place called Golgotha, that is to say, A place of a skull, they gave him vinegar to drink, mingled with gall: and when he had tasted thereof he would not drink. And they crucified him, and parted his garments, casting lots. And sitting down, they watched him there; and set up over his head his accusation written, *This is Jesus the King of the Jews.*]—*Matt.* xxvii. 24-38.

E C (Tks up skl & advncs twrd cndt). Hw strkng i ths emb o mrtlty onc animtd lk ourslvs bt nw bhld i hs csd t act & evn to thnk i vtl energs ar extnct & al th pwrs o lf hv csd thr oprtns. T ths stte w ar al hstng Lt us thn spnd th rmng spn o lfe a t scre a intrst i th blsd immnl s tht whn ou wk & frl bds lke ths mmnt shl bcm cld & inanimt ou dsembdd sprts ma sr abve & b admtd int th rgns o lfe etrnl, thr t prtcpt i tht glrs inhrtnce prprd bfre th fndtns o th wrld fr al tru & fthfl flwrs o th lmb yu wl nw attnd anthr lssn fr th hly evanglst.

In the end of the Sabbath, as it began to dawn toward the first day of the week, came Mary Magdalene, and the other Mary, to see the sepulcher. And behold, there was a great earthquake: for the angel of the

Lord descended from Heaven, and came and rolled back the stone from the door and sat upon it. His countenance was like lightning, and his raiment white as snow: And for fear of him the keepers did shake and become as dead men. And the angel answered and said unto the women, Fear not ye: for I know that ye seek Jesus which is crucified. He is not here, for he has rsen as he said. Come see the place where the Lord lay: and go quickly and tell his disciples that he is risen from the dead; and behold, he goeth before you into Galilee: there shal ye see him: lo, I have told you. And they departed quickly from the sepulcher with fear and great joy, and did run to bring his disciples word. And as they went to tell his disciples, behold Jesus met them, saying, All Hail. And they came and held him by lhe feet and worshipped him. Then Jesus said unto them, Be not afraid: go tell my brethren that they go into Galilee, and there shall they see me.—*Matt.* xxviii. 1-10.

(Note.—This is sometimes read by the S. W. before the ascention.)

E C. Plgrm Th fth lbtn i prfrmd i a vry slm mnr bt bfre yu cn b prmted t prtept i i I enjn upo yu th prfrmc o on yr o pnc undr th drctn o th S & J Ws wth ths skl i on hnd & a brng tpr i th othr t rmnd yu tht wth pnc & hmlty yu shld s lt yr lght s shne bfre mn tht thy sng yr gd wrks ma glrfy yr fth whc i in hvn Plgr frewl.

1st G. Wh cms hr.

S W. A plg pntnt trvlg fr afr wh crvs frm u prmssn hre t rst & a th shrn o ou dprt Lrd t ofr up hs pryrs & mdtns.

Grd. Hs h th Pen ps.

S W. H hs i nt I hv i fr hm.

Grd. Advnc & gve i * * *

Grd. Th ps i rght pss on.

S W. Plgr w ar nw abt t ps a rprsnttn o th acentn o ou Lrd & svr whc i to tch yu tht alth i is appntd fr a mn onc t die yt a th svr o th wrld rse fr th dd s th scrpt infrm u th rgheous shl arse t lfe evrlstng.

(S W & Cndt entr. Ascntn.)

The rising God forsakes the tomb,
Up to His Father's court he flies,

Cherubic legions guard him home,
And shout him welcome to the skies.

Break off your tears, ye saints, and tell
How high our great Deliverer reigns—
Sing how he spoil'd the hosts of hell
And led the monster death in chains.

Say "Live for ever, wondrous King,
Born to redeem, and strong to save?"
Then ask the tyrant, where's thy sting?
And where's thy victory, boasting grave?

Prlt. Plg th scn bfr yu rprsnts th splndd enclsn o th hllwd scrfce ofrd b th rdmr o th wrld t propcte th angr o an ofndd deity. Ths scrd vlmn infrms u tht ou svr aftr hvng sffrd th pns o dsolutn dcndd into th plc o dprtd sprts & tht o th thrd da h brst th bnds o dth triumphd ovr th grv & ascndd wth trnscnd mjsty int hvn whr h nw sts a mediate & intrcr fr al tho wh hve fth i hm.

(Investing with †.)

I nw invst yu wth a emblm o tht fth i i also a emblm o ou ord whc yu wl wr a a cnstnt mmrl fr yu t imtte th vrts o th imclte

Jss wh dd tht yu mght lve Plgr th crmns i whc yu ar nw enggd ar intnd t dply imprs yr mnd & I trst wl hv a lstng & hppy effct upo yr chrctr, yu wre frst a a tril o yr ptnce & prsvrnc enjnd th prfrmnc o svn yrs o pl-grmge, i rprsnts t yu th grt plgrmge o lfe thr whc w ar al psng We ar al wry plgrms anxsly lkg forward t tht asylm whr w sh rst frm ou lbrs & b at pce frvr yu wre nxt a a trl o yr cnstncy & crage drctd t prfrm svn yrs o wrfre i ws emblmtcl o tht crnl wrfre wth yr pssns & th lying vants & dcts o th wrld wth whc i is ncsr fr yu alws t b enggd. Yu ar nw prfrmg a pnnce a a trl o yr hu-mlty o ths ou lrd & mstr hs st yu a brght exmpl wh altho h ws th etrnl sn o gd yt hmbld hmslf t b brn o a wman t encntr th pns & afflctns incncd t hmn lfe & fnlly t sfr a crl & ignmns dth on th crs i i alo a trl o tht fth whc i wl fndd wl cry yu stly ovr th drk glf o evrlstng dth & lnd yr enfrnchsd sprt i th pcefl abds o th blsd Plgr kp evr i yr mnd ths awfl trth yu knw nt hw sn yu ma b cld upo t rndr an accnt t tht sprm Jdge frm whm nt evn th minutest actn o yr lfe i hd Fr altho yu nw stnd erct i all th strngth o mnhd yt i a fw shrt mnts yu ma b a ple & lfls corpse. A ths mmnt whl I am spkg th angl o dth ma hv revd th ftl mndte t strk yu fr th rll o humn existnc & th fw frnds wh nw srrnd yu ma i a few das b cld upo t prfrm th lst sd ofc o layng yu i th eart a bnquet fr wrms & ths fr bdy bcme a th msrbl rlc yu hld i yr hnd. B ye thn alwys rdy & rmmbr tht a frm fth i th trths hrn rvld & a frm rlnce o th mrts o a crcfd & arsn svr wl nt onl afrd yu cnsltn i th glmy hrs o dsolutn bt wl ensre yu ineffbl & etrnal hppns i th wrld t cme Plgrm frewel rmmbr th hllowd scrfce ofrd o clvrys mnt * * *

(S W & Cndt rtrn t th asylm.)

Alrm.

Wrd. Wh dre aprch th pcfl Asl o ou commndr t intrpt o slm mdtn Wh cms hre.

S W. A Plgr Pntnt trvlg frm afr wh hvn prfrmd hs yr o pnce i nw dsrs o bng prmtd t prtcpt i th fth lbtn thrby t sl hs ftc.

Wrd. Wht srty cn h ofr tht h is n a imp.

S W. Th cmmndtn o tw vlt Kts th S & J Wr.

Wrd. B wht frth rght o bnft ds h expt t gn admsn.

S W. B bnft o th P P pss.

Wrd. Hs h th ps.

S W. H hs nt I hv i fr hm.

Wrd. Advnc & gve i * * *

Wrd. Th ps i rght yu wl wt a tme wth ptnce & hmlty & sn a ans shl b rtrnd t yr rqst.

(Wrd rtrn t asyl.)

E C. Sr Kt Wrd wh dre aprch th pcful asl o ou cmmndr t intrpt ou slnt mdtns.

(or wht occtns th alrm.)

Wrd. A P P trvlng fr afr wh hvng prfrmd hs yr o pnce i nw dsrs o bng prmtd t prtcpt i th fth btn thrby t sl h ft.

E C. Wht srty cn h ofr tht h i no a imp.

Wrd. Th cmndtn o tw vlnt Kts th S & J Wrdns.

E C. B wht frthr rght o bnft ds h expct t gn admssn.

Wrd. B th bnft o th Pen ps whch hs bn cmnctd.

E C. Ths bng tru yu wl admt hm.

(Thy ent & aprc th bse o th triangl, th Kts o a sfcnt nmbr o thm i thr lns prll thr-to frmng als a trngl wth thr arms fldd & hds bwd A spc mst b lft a th bse sfcnt t admt th tw W dns wth th Cndt btwn thm, als a th apex t admt th thre prncpl ofcrs wh tgthr wth th Prlt ar i thr stns.)

E C. Wh hve yu thr i chrg Sr Kts.

S W. A Plgrm pntnt trvlng fr afr wh hvng prfrmd hs yr o pnce i nw dsrs o bng prmtd t prtcptc i th fth lbtn thrby t sl hs ftc.

E C. Plgr yr yr o pnce hs indd exprd bt yr trm of pnce cn nvr end untl ths mtl shl hve pt o imrtlty bcse al mn e'er & erng nd rpntnce Pntnt b grntg yr rqst & revng yu a Kt amng u I cn onl ofr yu rgh hbt crse dict & svre dty i o ths cndtns yu stl dsr t jn ou ord & enlst und ou bnr yu wl advnc & kl a th bse o th trngl.

(E C Gen & C G nw tke thr plcs i th trngl th Prlt rmns i hs stn.)

E C. Pntnt th fth lbtn i prfrmd i a mst slm mnr W cnnt b to oftn rmndd tht w ar brn t di. I i tkn i pre wne & frm ths cp (Tkes cp) I i emblmtcl o th btr cp o dth o whc w mst al snr o ltr prtke & frm whc evn th svr o th wrld ntwthstndg hs rptd & ardnt prars ws nt exmt Frm ths o a smlr cp hv al Kts Tmplrs prtkn bfre yu & t assr yu tht w prtc n impstn I gve yu a pldg (Fls & drnks) Yu wl tke ths cp i yr rght hnd & rpt aftr m (Cndt tks i.)

S W. Attn Sr Kts Handle Sw Draw Sw Prsnt.

E C. Ths pre wne I tke frm ths cp i tstmny o m blf i th mrtlty o th bdy & th imrtlty o th sl & a th sns o th whl wrld wre laid upo th hd o our blsd svior s ma th sns o th prsn t whm ths skl onc blngd b hpd upo m hd i adtn t m own & ths lbtn appr i tstmny agnst m shld I evr knwnly o wlfly violt any obl I hv hrtfr o a ths tme tkn o ma hrftr tke i rfrnce t any o th rglr ordrs o Kthd Yu wl nw drnk (Th C G sng tht th cndt i actly drnkng nw gvs th ordr.

C G. Chrg Sr Kts upo whc al advnc th lft ft sdnl & prsnt th pnts o thr swrds t cndt frm al drctns rmng ths mtnlss.

(Th E C tks n prt i ths crmny.)

(E C. Yu hre bhld th swrds o yr cmpns lp frm thr scbrds i dfnc o yr jst rts als b asrd t inflct smry vngnce upo an unwrthy

Kt wh shl bsly btry hs trst o violt hs vw) (this is sometimes used.)

E C. Yu hre bhld th swrds o th Sr Kts prsntd t yr dfncls brst Thy ar emblr.tcl o th swrd o jstce & ar t rmnd yu tht shld yu prve rcrnt t yr vws o Kthd thy wl b drwn t inflct jstce bt o th cntry we gve yu ths mystc assurance (h hre rses hs hnd a whc sgn th Kts frm a cnopy o stl ovr th cndts hd tht shld yu prve fthfll to yr vws thse wth thsnds o othrs i dmd ncsry wl b drwn t dfnd yu i th obsrvnc o th sme & insre yu a glrs vctry ovr yr enms.

E C. Attn Sr Kts Rcvr. Rtrn Swrds.

Ths i cld th sld ob bcse an enggmt entrd int prmc mde o scrt rpsd i rfrnc t ths lbtn i cnsdrd b Ks T mre bndg thn any othr atnd nw to a lssn fr th acts o th apstls.

Prlt. And in those days Peter stood up in the midst of the disciples, and said (the number of the names together were about an hundred and twenty), Men and brethren, this Scripture must needs have been fulfilled, which the Holy Ghost, by the mouth of David, spake before, concerning Judas, which was guide to them that took Jesus.

For he was numbered with us, and had obtained a part of this ministry. Now this man purchased a field with the reward of his iniquity; and, falling headlong, he burst asunder in the midst, and all his bowels gushed out. And it was known to all the dwellers at Jerusalem: insomuch as that field is called, in their proper tongue, Aceldama, that is to say, the field of blood. For it is written in the Book of Psalms. Let his habitation be desolate, and no man dwell therein; and his bishopric let another take. Wherefore, of these men which have companied with us all the time that the Lord Jesus went in and out among us, beginning from the baptism of John, unto that same day that he was taken up from us, must be one ordained to be a witness with us of his resurrection. And they appointed two, Joseph, called Barsabas, who was surnamed Justus, and Matthias. And they prayed and said, Thou, Lord, which knowest the hearts of all men, shew whether of these two thou hast chosen, that he may take part of this ministry and apostleship, from which Judas by transgression fell, that he might go to his own place. And they gave forth their lots: and the lot fell upon Matthias; and he was numbered with the eleven apostles.—*Acts* i. 15-26.

Gen. E C I preve b th extngshd tpr o th trngl tht thr i a veney i on cmmdry I thfr prpse i b fld fr amng ths vlnt Kts wh hv enfrmd t th rls o th ordr.

E C. Lt th blts b cst (dne b S & J W wh anc th rslt.

E C. Pntnt th lts hve bn cst i thy fvr & i tstmny o yr eletn a a Kt amng u & o yr aceptnc o th hmr yu wl rlight th extngshd tpr * * A ma th almghty Fthr lft upo yu th lght o hs dvne & reneld entnce & frvr kp yu fr flg.

Yu wl nw arse & advnc t th E—kneel Sr A B b vrtu o th hgh pwr i m vstd I d nw enstte erte & db yu a Knght o th vlnt & mgnms ord o th Tmpl (Tks endt b th hnd) Arse Sr Kt & wth ths hnd acept a hrty wlcme int th bsm o a scty whs grd characteristc ar unswervng hnr untrng zl i a brthrs cse & univrsl bnvlnce. Yu wl nw rtr & b invst wth th clthng o a Kt T & rtrn t th asylm fr frth instrtn.

Cndt entrs clthd a a K T.

E C (Prsntg sw). I nw invst yu wth ths swrd whc i yr hnds a a vlnt & mgnmims K T i endwd wth thr addtnl mst (exclnt) estimable qlts its hlt wth jstce imprtl i blde wth frtde undnt & i pnt wth mrcy & tchs ths imprtnt lsn tht whn w drw ou swrds w shld b wl assrd o th jstce o ou cse ths hvng bn ascrtnd w shld prsvre wth th mst undntd frtdd & hvng sbdd ou enemy int o pwr w shld rmmbr tht h i an enem n lngr & extnd t hm tht mst gres atrbt o deity Mrcy.

E C. I wl nw invst yu wth th Pen Pss.

Th P P Ps i gvn b fr cts o th swrd & und a arch o st * * * ⌒ G. Plc o a s.

Rcvr Swrd Rtrn Swrd.

Ths i th Pnl sgn & alds t th pnlty o th ob * * * ⌣

Ths is th Gr H Sg o a K T i alds t th ps o th Svr whn extnd up th cr. Ths i th Grp * * * I a nw i a pstn t gve yu th wrd * * * Yu ar nw i a psn t gve it t m. Th wrd i I G wth u.

Ths Grp tchs u tht a ou fngrs a strngly intrlcd s shl ou hrts b frmly untd i brtly lve & frndshp Th mtto o th ord i inscrbd upo th bnnr In Hoc Signo Vinces sgnfyg B ths sgn sht th cnqr.

(Th cndt nw rtrs i ordr tht th hl ma b prprd t cnfr th ordr o mlta whc cnsts smply i rmvg th triangle & expsng t view th Bnnr o th ordr whc i a plain white field with a red passion cross in th centre Th motto I N R I in red or gold. If metal appears as lace or fringe i should be gold.)

Ths ord ma b cnfrd o svrl smltaneously if th ordr is cnfrd immediatly aftr th order o th Tmpl i ma b cnfrd b cmnctn, it is not necessary then for the candidate to retire but th E C will state that owing to the lateness o hour he will confer the order by communication.

ORDR O MLTA B CMNCTN.

E C. Th ordr o Mlt i appndnt t th ordr o th Tmpl & i cnfrd eithr b cmntn o at a mtg st aprt fr tht prpse whch i rglry cnvnd. Yr sld ob sprsds th nesty o layng yu undr any frthr obln i rfrnc t ths ordr I mst hwevr rqr yu t mke a slm oblgtn whc I am authrzd t prpse t yu. Yu wl drw yr swrd.

E C. (Tks i hldg i hrzntly wth bth hnds. Plc yr lft hnd o th blde yr rght o yr hrt. Attn Sr Kts) (all arise & uncvr) Rpt aftr m (Cndt rpts I slmy pld m hnr a a Kt hvng rfrnce t m sld ob tht I wl nt ast o b prsnt a th cnfrng o ths ord whl und th jrsdctn o th Gr Enc o U S upo any on wh hs nt rglry rcvd th svrl dgrs o E A, F C, M M, M M M, P M, M E M, R A M & Kt o th R C & Kt o th Tmpl i a jst & lgl mnr t m fl & cntr stfctn & thn onl wthn th aslm o a lgl cmmndr o K T o i a cncl o th ord o Mlt rglry cnsttd (Cndt rtrns swrd by ord o the E C, th Sr Kts ar std.)

E C. Yu wl kl Sr A B b th hgh pwr i m vstd I d nw cnsttute create & db yu a Kt o Mlt o th ord o St Jn o Jrslm Arse Sr Kt.

E C. Ths ordr lke th prsdg dgrs o msnr & ordrs o Kthd thr whc yu hv psd hs i sgns grps & wrd. We wl nw lstn t a lssn fr th hly Evnglst.

Prlt. And when they were escaped, then they knew that the island was called Melita. And the barbarous people showed us no little kindness: for they kindled a fire and received us every one; because of the present rain, and because of the cold. And when Paul had gathered a bundle of sticks, and laid them on the fire, there came a viper out of the heat and fastened on his hand. And when the barbarians saw the venomous beast hang on his hand, they said among themselves, No doubt this man is a murderer, whom, though he hath escaped the sea, yet vengeance suffereth not to live. And he shook off the beast into the fire and felt no harm. *Acts* xxviii. 1-5.

E C. Ths sgn i gvn a i wrmg yr hnds a a fre thn grpng th plm o th lft wth th thmb & fr fng o th rght & thrng i away i ths mnr * * * I nme i Mlta th anc nme o th islnd o Mlt.

E C. W wl nw lstn to anthr lsn fr th hly Evang.

Prlt. But Thomas, one of the twelve, called Didymus, was not with them when Jesus came. The other disciples, therefore said unto him. We have seen the Lord. But he said unto them. Except I shall see in his hands the print of the nails, and put my finger into the print of the nails, and thrust my hand into his side, I will not believe. And after eight days, again his disciples were within, and Thomas with them. Then came Jesus, the doors being shut, and stood in the midst, and said Peace be with you. Then said he to Thomas, Reach hither thy finger, and behold my hands; and reach hither thy hand, and thrust it into my side; and be not faithless, but believing. And Thomas answered and said unto him, My Lord and my God.—*John* xx. 24-28.

E C. Rch hthr thy fng & bhld m hnds (gvng sgn) rch hthr thy hnd & thrst i int m sde & b nt fthls bt blvng (gvng sgn) Ths ar th grps sgns & wrds & alde t th unblf o Thms. M lrd & M G, th nme o ths grp i infedlts.

E C. We wl nw lstn t anthr lssn.

Prlt. And Pilate wrote a title, and put it on the cross. And the writing was, *Jesus of Nazareth the King of the Jews.*—*John* xix. 19.

E C. Th prncpl wrds o th ordr ar Rex Regum Dominas Dominorum sgnfy kng o kngs & lrd o lrds.

Th mtto o the ord yu wl se inscrbd upo th bnnr I, N, R, I, thy ar th intls o th ltn wrds Ieses Nazerini Rex Iudaorum sgnfying Jss o Nzrth Kng o th Jws. Th crs upo th bnnr i th crs o clvry o whc th svr ws crsfd I i usd i ths crmns i prfrnc t th mltry crss o th ord on accnt o th rltn whc th mtto brs t i & th slm & intrstng asciatns whc whn tkn tgthr thy ar clculated t awkn i th mnd And nw Sr K i bhlf o m cmpns I agn bd yu a hrty wlcme t al th rghts & prvlgs evn t tht dsintrsted frndshp & unbndd hsptly whc hs & w trst wl lng cntnue t dstngsh adm & chrtrse ths nbl ordrs With th age & octn whc gve thm brth thr advntrs & wrlke sprt hs psd awa Bt thr mrl & bnfcnt chrctr stl rmns brght i al i prmtve bty & lvlinss t excte a i th das o thr grtst glry tht sprt o rfnd & mrl chvlry whc shld prmt us t prss onwrd i th cse o trth & jstce stmlte us t exrtn i bhlf o th dstte & oprs t wld th swrd i nd be whn pre & undfld rlgn cls us i hr dfnce & i a brthrs cse t do al tht bcms mn.

Thy als tch th trimph o imrtlty tht tho dth hts its stng its inflctn i bt fr a mmnt. Tht ths frl orgnztn tho hre sbjct t th mny ils tht flsh i heir t possess an ethrl prncpl tht shl sr t th rlms o endls bls & bynd th pwr o chng lve frvr (cndt is std).

E. C. Sr Kt Rec ar yu rdy with th mnts?

Rcr. E Sr I am rdy.

E C. Yu wl rd thm.

Rcrd. (Rds mnts.)

E C. Sr Kts ar th mnts crrct a rd i so I wl dclr thm aprvd. th ar s aprd. g.

E C. Sr Kt Rcrd i thr any bsns o yr dsk t cme bfre ths cmndry bfre w pred t cls ?

Rec. Rds bsness.

E C. Ds any Sr Kt kno o any Sr Kt i scknss o dstrs ?

I any state them.

E C. Sr Kt Wrdr whn a cmnd o Kts Tmpl i abt t b clsd wht bcms yr dty ?

Wrd. T se th sntl i a hs pst & th avenues ldg t th asly dly grd.

E C. Yu wl ascrtn i w ar so grd & infrm th sntl th th E C i about t cls —— Cmdry, No. —— & drct him to grd acrdly.

Wrd. gg gg gg gg g.
gg gg gg gg g.

Wrd. E C. Th sntl i infrmd.

E C. Attn Sr Kts. I hreby dclr —— Cmndr No. —— dly clsd. Sr Kt Wrdr infrm th Sntnl.

Wrd. gg gg gg gg g.
gg gg gg gg g.

Wrd. Th Sntnl i infrmd.

E C. g.

CUTS & WORDS.

J. C. ××× ‿ J. B.
P. P. ×××× ⁀ T. S-B.
R. C. W. ××× +– L. L.
G. S. G. & W. of R. C. K. × s ××× gr. V. T.

P. W. P. ×××× ⁀ M-S-H-B
P. P. P. ×××× ⁀ G. P. of S.
I. W. ———

When a Cncl of Mlta is specially convened the accompanying diagram will show the position of the officers and form of Cncl :

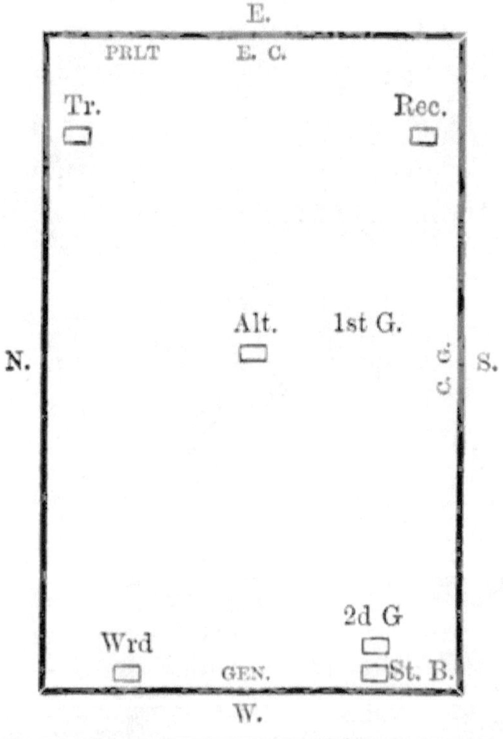

ORDR O MLT.

E C. Sr Kt Wrdr stsf yrslf tht al prsnt are Kts o Mlt * * *

Wr. I a stfd Em tht al prsnt ar Kts o Mlt.

E C. Th ofcrs wl rpr t thr stns.

E C. Sr Kt Gen ar yu a Kt o Mlt

Gen. I hve bn hnrd wth tht trst.

E C. Hw mny cmpse a Cncl o th ord o Mlt.

Gen. Svn, nne, elvn o mre.

E C. Whn cmpsd o twl o whm ds i cnsst.

Gen. Th E C., Gen., C G., Prlt, S W, J W, Trs, Rcrd, Frst & Scnd Grds, Stnd Br & Wrd.

E C. The Wrds stn.

Gen. O th lft o th St Br i th W.

E C. Sr Kt Wrd yr dty.

Wrd. T se tht th cncl chmbr i scrly grdd & atnd t th reptn o cndts.

E C. Th St Br stn.

Wrd. I th W.

E C. Sr Kt St Br yr dty.

St B. T dspl sprt & prtct th bnrs o th ord.

E C. Th fst G Stn.

St B. O th rght i frnt o th C G i th S.

E C. Sr Kt 1st Grd yr dty.

1st Grd. T chlng al strngrs atmptng t ps my stn a rprt thm t th C Gen.

E C. The scnd G Stn.

1st G. O th rght i frnt o th Gen i th W.

E C. Sr Kt scnd Grd yr dty.

2d G. T chlng al strngrs atmptng t ps m stn & rprt thm t th Gen.

E C. Th Rec stn.

2d G. O th lft i frnt o th E C.

E C. Sr Kt Rcrd yr dty.

Rcrd. Fthfly t rcrd th trnsactns o th cncl cllct th rvnue & pa i ovr t th trs.

E C. Th Trs stn.

Rcrd. O th rght i frnt o the E C.

E C. Sr Kt Trs yr dty.

Tr. T rcve i chrg th fnds & proprty o th cncl pa al ordrs o th trsry & rndr a jst & acrt acnt o th sme whn rqud.

E C. Th J W stn.

Tr. O th rght o th scnd dvsn & o th lft o th whle whn frmd i lne.

E C. Sr Kt J W yr dty.

J W. T tke chrg o th cndt acmpny hm o hs jrny ans qstns fr hm & prsnt hs ptn t th Gen.

E C. Th S W stn.

J W. O th rght o th first dvsn & o th rght o th whl whn frmd i lne.

E C. Sr Kt S W yr dty.

S W. T cmmnd th Sr Kts & frm a th E C shl drct.

E C. Th Prlts stn.

S W. O th rght o th E C.

E C. Sr Kt Prlt yr dty.

Prlt. T admstr a th altr & ofr up prars & obltns t th deity.

E C. Th C G stn.

Prlt. I th S.

E C. Sr Kt C G yr dty.

C. G. T exmne al strngrs rprtd t me b th first G & se tht nne ps m statn bt sch a ar dfy qlfd.

E C. Th Gen stn.

C G. I th W.

E C. Sr Kt Gen yr dty.

Gen. T reve al endts fr ths ord & aftr strct exmtn i fnd wrth remnd thm t th E C.

E C. Th E C stn.

Gen. I th E.

E C. Hs dty.

Gen. T prsd ovr & gvrn th cncl wth imprtialy frmns & desn t enfr ths ord upo al wh shl b fnd wrthy & lgly enttld to reve i & t inclct th dts o mrlty bnvlnc & trth.

E C. Sr Kt Gen i i m ord tht a cncl o th ord o Mlt b nw opnd ths yu wl cmnct t th C G tht th Kts ma hve du ntce & gvrn thmslvs accrdly.

Gen. Sr Kt C G, I i th ord o th E C tht a cncl o th ord o Mlt b nw opnd ths yu wl rprt t th Kts tht thy hvng du ntc ma gvrn thmslvs acrdly.

C G. Attntn Sir Kts (all arise) I i th ord o th E C tht a cncl o th ordr o Mlt b nw opnd tke ntce thrf & lt i b dne (Sgns) giving the battery (ggg ggg ggg g) I nw dclr a cncl o th ordr o Mlt opnd i du frm. Sr Kt Wrd infrm th Sntnl.

(*Note.*—Th cncil o Mlt ma b clsd by dclation at option.)

WRK O KT O MLT.

(Cndt, clthd & equipped a a K T & attnd b th J W gvs ggg ggg ggg a a th dr.)

Wrd. E C the i a alrm a th dr.

E C. Sr Kt Wrd atnd t th alrm. (Wdr ans alrm.)

Wrd. Wh cms hre.

J W. Sir A B, wh hs bn creatd & dbd a Kt o th vlnt & mgnms ordr o th Tmp & nw slcts th frthr hnr o bng created a Kt o th ordr of Mlt.

Wrd. Wht srty cn h ofr that h i nt a impstr.

J W. Th commndtn of a tru & crteous Kt the J W.

Wrd. B wht frthr rght o bnft do h expct t gn admsn.

J W. B th bnft o th Plgrm Pen ps.

Wrd. Hs h th pas.

J W. H hs.

Wrd. Advnc & gve i.

Cndt. * * *.

Wrd. Th ps i rght yu wl wt untl th E C i infrmd o yr rqst & hs ans rtrnd. (Wrdr rtrns t encl.)

E C. Sr Kt Wrdr wht occtns tht alrm.

Wrd· Thr i wtht Sr A B wh hs bn crtd & dbd a Kt o th vlnt & mgnms ord o th Tmp, & nw slcts th frthr hnr o bng created a Kt o th ordr o Mlt.

E C. Wht srty cn h ofr tht h i nt a imp.

Wrd. Th commdtn o a tru & crts Kt th J W.

E C. B wht frthr rght o bnft ds h expct t gn admssn.

Wrd. B bnft o th P P ps whc hs bn cm-mncatd.

E C. Ths bng tru h hs prmsn t entr.

(J. W. & cndt entr & ps one arnd th hll a i th E A dgr, whr thy ar accstd b th frst G i the S.) (*N. B.*—During a reptn th tw Grds ar mrchng wth drwn swrds to & fro in frnt o th rspctve stns.)

1st G. Wh cms hre.

J W. A frnd.

1st G. Frnd stnd. Sr Kt C G a strngr wshs t ps.

C G. Wh psses hre.

J W. A Kt o th Tmpl.

C G. Sr Kt advnc & gve th cntrsgn

(Cnds gv pent ps * * *.)

C G. Th wrd i rght, ps on. (Thy ps t th W.)

2d G. Wh cms hre.

J W. A frnd dsrs an intrvw wth yr Gen.

2d G. Frnd stnd until th Gen i infrmd o yr rqst.

2d G. Sr Kt Gen, a strngr dsrs a intrvw.

Gen. Wh psses hre.

J W. Sr A B, wh hs bn creatd & dbd a Kt o th vlnt & mgnms ord o th Tmp & nw slcty th frthr hnr o bng created a Kt o th ord o Mlt, fr whc prpse h dsrs yr hgh cmmndtn wth th E C.

Gen. Advnc & gve th cntrsgn. * * *.

Cndt gvs Pen ps.

Gen. Th wrd i rght, bt bfr grntg yr rqst

I mst rqre sme evdnce tht yu hve bn stbly prfcnt i th predg dgrs & ords t enttle yu t th hnr yu sk. Yu wl fce th E & exhbt t m th sgns o ea dgr a yu advnc. (Cndt advnes undr th stp dugrd & sgn o ea dgr cmmncg wth th E A, th J W o hs rght & th Gen o hs lft.) * * *.

Gen. Th evdnc i stfctry.

Gen. Emnt Sr, I hve th hnr t prsnt t yu Sr A B, wh hs bn creatd & dbd a Knt o th vlnt & mgnms ord o th Tmp & nw ofrs hmslf a a cndt fr th ord o Mlt, H hs exhbtd t m th rqrd evdnce o hs prfncy i th predg dgrs & ords. I a als i pssn o stfctry assurances th h hs tkn upo hmslf th sld obln & thrfr remnd hm t yu a flly enttld t th hnr h slits. (Gen. rtrns t hs stn.)

E C. Sr Kt I am hppy t lrn tht yu hv bn abl t stfy m Gen i rspct t yr prfncy i th predg dgrs & tht yu ar lgly enttled t th frthr hnr o bng creatd a Kt o Mlt. Bfr predg t cnfr whc, howevr, lt us i accrdnc wth a tme hnrd Msnc usage unite wth ou exclnt Prlt i a addrs t th Thrn o Mrcy.

E C. Attn Sr Kts t yr dvtns.

(Th Kts frm a hllw sqr abt th cndt knl o rght kn. Hlmt hld b lft hnd o lft shldr. Prlt rcts th Lrds Prar al rptg aftr hm. Thn arse & rsme stns.)

(*Remark.*—If time presses all th prceding reception may be omitted. Th cndt bng intrdcd without an alrm by th J W & cndctd directly t th E in which case th cndt is infrmd tht owng t th lateness o th hr &c th full ceremonies of th reptn will be omitted of course i will be understood tht in case th plan suggested by this remark is adopted th officers retain their positions as in a cmmndry of K T. Moreover it does not appear essential that th triangle should be removed.)

N. B.—In case th full work is used it is of course proper for th E C to order labor in th order o th temple dispensed with and dclr a cncl o Mlt opn fr wrk aftr whc ths lttr is t b dclrd clsd & lbr rsmd i th ord o th Tmp which evr mthd is adptd th wrk o cnfrng th ordr o Mlt i a flws.

E C. (Cndt i th E.) Th ord o Mlt i apndnt t th ord o th Tmp & i ths cntry i cnfrd eithr i th asylm o a cmndr o i a cncl rglrly cnvened fr tht prpse. Yr sld ob sprsds th necsty o m layng yu undr a prtclr on i rfrnce t ths ordr. I mst hvr rqre yu t mke th slm delrtn whc I am authrzd t prpse t yu. Yu wl drw yr swrd (E C tks i hldg i hriztly wth bth hnds). Plc yr lft hnd o th bld, yr rght hnd o yr hrt. Attention Sr Kts. Uncover. Rept aftr m.

I slmly pldg m hnr a a Kt hvng rfrnc t m sld obln tht I wl nt asst o b prsnt a th cnfrng o ths ord whl undr th jrsdctn o th Gr Enc o th U S A upo any on wh hs nt rglry revd th svrl dgrs o E A, F C, M M, M M M, P M, M E M, R A M, Kt o th R C & Kt o th Tmp i a jst & lgl mnr t m fl & entre stfctn & thn onl wthn th aslm o a lgl cmndr o K T o i a cncl o th ordr o Mlt, rglry cnsttd. (Cndt rtrns swrd. Kts are seated. Cndt knls.)

E C. Sr A B, by vrtu o th hgh pwr i m vstd I d nw cnstte, create & db yu a Kt o Mlt o th ordr o St Jn o Jrslm. Arise Sr Kt. * * *.

E C. Ths ordr lke th predg dgrs o Msnr & ords o Kthd thro whc yu hve psd hs its sgns grp & wrd. Th frst sgn i gvn i ths mnr. (Fire & viper S.) I i cld Ma the anc nme o th island o Mlt & alds t th shpwrck o St Pl. Th scrptrs infrm us tht whn that dstnguished Apstl ws o hs pssg t Rme t b trd by Aug Csar h ws cst awa o th island of Mal & tht th ntvs entrtnd hm & hs fllow sffrs wth grt kndnss. Thy kndld a fre & rcvd evry on o thm bcse of th rn & cld & whn Pl hd gthd a budl o stcks & ld thm o th fre thre cme a viper ou o th ht & fstnd o hs hnd, & whn th brbarns sa th vnms bst hng upo hs hnd thy sd amng thmslvs No dbt ths mn i a mrdr whm tho h hth escpd th se vngnce sfrth nt t lve. And he shk of th bst int th fre & flt n hrm. How beit they lokd whn h shld hve swln o fln dwn dd sddnly bt aftr th hd lkd a grt whle & sa n hrm cme t hm thy chngd ther mnds & sd h ws a G.

The Gr S & G o th ord ar gvn i ths mnnr. * * *.

Thy ald t th unblf o Thos.

W hrn fr th scrp tht aftr th svr hd arsn fr th dd h aprd t hs dcpls whn thy wre gthrd tgthr o th frst da o th wk & Ths on o th twl cld Didymus ws nt wth thm whn Jes cme & whn th othr dcpls tld hm tht th mstr hd bn wth thm h ansrd & sd ecpt I shal se i hs hnds th prnts o th nls & pt m fngr int th prnt o th nls & thrst m hnd int hs sde I wl nt blve. Aftr eight das th depls wre agn asmbld & Ths ws wth thm. Thn cme Jss (th drs bng sht) and std i th mdst & sd pce b wth yu. Thn sd h to Thos rch hthr thy fngrs & bhld m hnds & rch hthr th hnd & thrst i int my sde b nt fthls bt blvng & Ths ans & sd unt hm m L & M G. Th nme o ths grp i Infdlts. I tchs us tht thr i an unblf which transcends a rational skepticism tht w shld pss a pwr o fth t reve dvne trth evn tho unacmpnd b physical evidnce & ths entle us t tht cmmn-dtn o ou dvne tchr. Blsd ar thy tht hve nt sen & yt blvd.

Th prncpl wrds o th ord ar Rex Regum Dominus Dominorum sgnfng Kng of K & Lrd o L.

Th intls o th mtt o th ord yu wl se in-scrbd upo th bnr I. N. R. I. Thy ar th intls o th latin wds Iesu Nazarisi Rex Iudaorum sgnfng Jss o Nth Kng o th jws. Th crss upo th bnr i th crss o clvary o whc th Svr ws crsfd, i i usd i ths crmns i prfrnc t th mltry crss o th ordr o acct o th rltn whc th mtto brs t i & th slm & intrstng asctns whc whn tkn tgthr thy ar clcultd t awkn i th mnd, & nw sr Kt i bhlf o m cmpns I agn bd yu a hrty wlcme t al th rghts & prvldgs evn t tht disintrstd frndshp & unbndd hsptlty whc hs & w trst wl lng cntnue t dstngsh, adrn & chrtrise ths nbl ordrs wth th age & occtn whc gve thm brth. Thr advntrs & wrlke sprt hs psd awa. Bt thr mre & bnef-cnt chract still rmns brght i al i prmtv beau & lvlins t excte a i th das o thr grtst gly tht sprt o rfnd & mrl chvlry whc shld prmpt u t prs onwrd i th cse o trth & jstce, stmlte u t exertn i bhlf o th dstute & opprsd t wld th swrd i nd be whn pre & undfld rlgn cls us i hr dfnce & i a brthrs cse t do al tht bcms mn.

Thy als tch th trimph o immrtlty tht tho dth hth its stng i inflctn i bt fr a mmnt tht ths frl orgnztn tho hre sbjct t th mny ils tht fls i hr to poss a ethral prncpl tht sh sr t th rlms o endls bls & bynd th pwr o chnge lve frevr. Sr Kt ths cnclds the dgr yu wl be std amng th Sr K's.

Th clsng o a cncl o M in full frm i th sme a opng, bt i generally dspnsd wth.

Ritual in Cipher, with Key of Blue Lodge. Containing the "Work," Lectures and Monitorial IN FULL of the Entered Apprentice, Fellow Craft and Master Mason Degrees. Separate books, each book containing the *Standard "work"* of a particular state. The Ritual is now in use in every Grand Jurisdiction in the United States. When ordering give name and number of lodge.................................... 3 00

Ritual of the Chapter in Cipher, with Key. Containing the "Work," Lectures and Monitorial of the Mark Master, Past Master, Most Excellent Master and Royal Arch Degrees, as adopted by the Grand Chapter of the United States. When ordering give name and number of Chapter...... 3 00

Ritual of the Commandery in Cipher, with Key. Containing the "Work," Drill, Lectures and Monitorial of the Knights of the Red Cross, Knights Templar and Knights of Malta Degrees, as adopted by the Grand Encampment of the United States. When ordering give name and number of Commandery.................................... 5 00

General Ahiman Rezon and Freemasons' Guide. By Daniel Sickles, 33°, The only thoroughly perfect Masonic Monitor published in the United States. Embellished with nearly 300 Engravings, and Portrait of the Author. Bound in fine cloth, extra large 12mo........................ $2 00
Morocco, full gilt, with appropriate Insignia of the East........................ 3 50

Freemasons' Monitor. By Macoy & Sickels. Tuck, gilt edged........................ 1 50

The Constitution, Statutes and Code of the Grand Lodge of the State of New York, with annotations. By John W. Simons, P. G. M.. 50

True Masonic Chart; or, Hieroglyphic Monitor. By Jeremy L. Cross, Grand Lecturer. With a Memoir and Portrait of the Author. 12mo., cloth 1 50

Freemasons' Monitor. By Thos. S. Webb. Cloth, 75 cents. Tuck.................. 1 00

Freemasons' Hand-book. By Wm. H. Drew. Cloth, 75 cents. Tuck............. 1 00

Des Freimaurer's Handbuch. (German) 75

Manual of the Chapter. By John Sheville, P. G. H P., of New Jersey, and James L. Gould, D. G. H. P., of Connecticut. 32mo., scarlet and gold........................ 75

Royal Arch Companion. By Jackson H. Chase, 33°, Grand Lecturer of the Grand Chapter of New York........................ 1 00

The Council Monitor. By Jackson H. Chase, 33°, Grand Lecturer Royal and Select Masters of the State of New York. 1 00

Knights Templars' Manual. By John W. Simons, P. G. M. of Templars 1 50

Book of the Commandery. By John W. Simons, P. G. M., Tuck, full gilt 1 00

Book of the Ancient and Accepted Scottish Rite of Freemasonry. By C. T. McClenachan 3 00

Manual of the Lodge of Perfection. By C. T. McClenachan 1 50

Text-Book of Christian Knighthood. By C. L. Stowell, 33° 1 50

Masonic Law and Practice, with Form. By Luke A. Lockwood, P. G. M., P. G. H. P., &c. 1 00

Masonic Trials. By Henry M. Look, P. M.; K. T.; Grand Visitor and Lecturer of Michigan. Bound in fine cloth. beveled boards, large 12mo 2 00

Obituary Rites of Freemasony. By R. Macoy. Each 50 Cents. Per hundred 30 00

Manual of the Order of the Eastern Star. By R. Macoy 1 00

Masonic Vocal Manual. By R. Macoy. Per doz 3 00

Masonic Harmonia. By H. S. Cutler. Each $1.00. Per dozen 9 00

Music of the Chapter. By J. W. Marsh. Each $1.00. Per dozen.................... 9 00

Masonic Gem. By Alford. A collection of Masonic Odes, Poems, etc................ 75

Eastern Star Odes. Per dozen.......... 1 00

Masonic Sketches and Reprints. By W. J. Hughan 3 00

Ancient Constitutions, 1723. By James Anderson.................................. 1 00

Signet of King Solomon. By A. C. L. Arnold.................................. 1 50

Rationale and Ethics of Freemasonry; or, the Masonic Institution considered as a means of Social and Industrial Progress. By A. C. L. Arnold 1 50

Origin and Early History of Masonry. By G. W. Steinbrenner.................... 1 00

Moral Design of Freemasonry. By S. Lawrence................................ 1 00

Swedenborg Rite, and the Great Masonic Leaders of the Eighteenth Century. By Samuel Beswick 1 50

Washington and His Masonic Compeers. Illustrated. By S. Hayden....... 2 50

Lights and Shadows of Freemasonry. By R. Morris, P. G. M 2 00

Traditions of Masonry. By A. T. C. Pierson. 33°.................................. 2 00

A Comparison of Egyptian Symbols

with those of the Hebrews. By Frederick Portal.............................. 1 00

The Mystic Tie. By A. G. Mackey........ 1 50

Uses and Abuses of Freemasonry. By Capt. George Smith....................... 1 25

The Five Jewels of the Orient. By Juliette T. Burton 2 00

Manual of the Order of the Eastern Star. By R. Macoy.................... 1 00

Mirror of Johannite Masons and the Star in the East. By Dr. George Oliver. 1 50

Signs and Symbols. By Dr. George Oliver 1 50

The Spirit of Freemasonry. By William Hutchinson............................ 1 50

Illustrations of Masonry. By William Preston................ .... 1 75

Theocratic Philosophy of Freemasonry, in twelve lectures, on the *Speculative, Operative* and Spurious Branches. By Dr. George Oliver............................ 1 50

History of Masonic Persecutions and Masonic Institutes. By Dr. George Oliver.................................... 2 00

Book of the Lodge.......................10 00

The Book of Symbols, Illustrating the Ritual of *Ancient C rft M sonry.* Cloth, gilt.... 1 00

Middle Chamber Work. By Geo. E. Simons 25

History of the Knights Templar. By C. G. Addison 5 00

General History, Cyclopædia, and Dictionary.......... 5 00

Oliver's Landmarks.......... 5 00

Early History (1730—1781) and Transactions of the Grand Lodge of Free and Accepted Masons of the State of New York, 1781–1815. Published by authority of the Grand Lodge. Cloth.......... 5 00

The Masonic Token. By Wm. T. Anderson.......... 2 50

Revelations of a Square. By George Oliver. Splendidly illustrated, bound in blue satin cloth, with gilt edges, and gilt and ink side stamps.......... 2 50

The Masonic Sketch Book; or Gleanings from the Harvest Field of Masonic Literature. By E. du Laurans. Full gilt sides and edges, Illustrated, 2 50

Pocket Library and Working Monitor. By G. W. Chase.......... 1 50

Masonic Trestle-Board. By C. W. Moore, 1 75

Master Workman. By John K. Hall..... 75

Manual of the Lodge. By A. G. Mackey. 2 00

Guide to the Royal Arch Chapter. By John Sheville, P. G. H. P., of New Jersey, and James L. Gould, D. G. H. P. of Connecticut. Cloth, gilt back and sides.......... 1 50

Book of the Chapter. By A. G. Mackey.. 2 00

Principles and Practice of Masonic Jurisprudence. A Familiar Treatise. By John W. Simons, P. G. M. 1 50

The Beauseant; a Manual for the use of Knights Templar. By John W. Simons.... 1 50

The Constitutions and General Statutes of the A. and P. Rite of Masonry 2 50

Freemasonry in the Holy Land. By Robert Morris, L. L. D. 5 00

The Odd Fellows Improved Manual... 2 00

Knights Templars' Tactics and Drill. Prepared by Sir Orrin Welch, P. G. Commander. Elegantly Illustrated. Fine tinted paper 1 50

Masonic Jurisprudence. By A. G. Mackey 2 50

Digest of Masonic Law. By G. W. Chase 2 00

Manual of the Cryptic Masonry. By A. G. Mackey 1 50

The Adoptive Rite. By R. Macoy. A Manual of Instruction in the Eastern Star Degree 1 00

Symbol of Glory. Showing the Object and End of Freemasonry. By Rev. George Oliver, D. D., Vicar of Scopwich, England..... 1 50

The Antiquities of Freemasonry...... 1 00

History of Initiation.......................... 1 50

Morals and Dogma of Freemasonry. By Albert Pike, 33° 5 00

BLANK BOOKS, BLANKS, &c.

Our Blank Books are all made of excellent paper, bound in the best manner, and in appropriate styles.

Proposition Book for the Lodge, Chapter or Commandery.................................$4 00
Secretary's Receipts from Treasurer for Lodge, Chapter or Commandery,.................. 3 50
Receipts for Dues for the Lodge, Chapter or Commandery 3 50
Orders on Treasurer for the Lodge, Chapter or Commandery........... ... . 3 50
Register of Members for the Lodge or Chapter... 2 50
Register of Members for the Commandery....... 4 00
Visitor's Register for Lodge or Chapter.......... 3 50
Black Book for Lodge or Chapter............... 3 50
Question Book for Commandery................ 4 00
The Book of Marks for the Chapter—4to. 100 Marks.. 3 50
The same,—4to. 150 Marks..................... 4 00
The same, 4to. 200 Marks........ .... 4 50
The same,—4to. 250 Marks..................... 5 00
The same,—4to. 300 Marks..................... 6 00
Minute Book for Lodge, Chapter or Commandery..............................4 00 to 10 00
Ledgers for Lodge, Chapter or Commandery ....4 00 to 10 00
Cash Books for Treasurers and Secretaries...... ....1 50, 2 25, 3 00 and 4 00
Book for By-Laws and Signatures............... 2 00
Petitions for Membership—Lodge, Chapter or Commandery 1 25
Minute Blanks for Lodge, 2 doz. bound......... 1 00

www.ingramcontent.com/pod-product-compliance
Lightning Source LLC
Chambersburg PA
CBHW020126170426
43199CB00009B/655

* 9 7 8 3 3 3 7 2 5 3 6 8 4 *